LA TEMPÊTE
THE TEMPEST

SHAKESPEARE

LA TEMPÊTE
THE TEMPEST

Texte original et traduction de
Pierre LEYRIS

Préface par
J. D. JUMP

Notice par
F. N. LEES

GF-Flammarion

© Le Club Français du Livre

© 1991, FLAMMARION, Paris pour cette édition.

ISBN 2-08-070668-3

PRÉFACE

PREFACE

Nombreux sont les lecteurs et les spectateurs qui voient dans *La Tempête* une allégorie. Ce n'est guère surprenant. Toute l'action se déroule dans l'île enchantée d'un magicien. Sur son ordre, une tempête livre ses ennemis à sa merci. Dans cette affaire, comme dans beaucoup d'autres, c'est Ariel, « un esprit de l'air », qui agit pour le compte du maître. Mais Prospéro a aussi un esclave récalcitrant, le brutal et primitif Caliban. De tels éléments semblent bien inviter à l'interprétation allégorique, ce qu'il conviendra d'examiner plus loin ; mais, auparavant, il peut être utile de rappeler ce qui se passe au juste dans *La Tempête*, ce que la pièce présente au spectateur ou au lecteur qui se contente d'en suivre le développement, sans essayer d'aller trop au-delà des apparences.

La Tempête diffère des autres pièces de Shakespeare en ce qu'elle obéit à la règle aristotélicienne des trois unités. L'action se déroule uniquement sur une petite île, en quelque trois ou quatre heures, et elle est simple et complète. Mais dans les limites de cette triple unité, on peut distinguer nettement trois séries d'événements simultanés. Dès que les ennemis de Prospéro ont été jetés sur le rivage de l'île, Antonio pousse Sébastien à supplanter son frère Alonso, roi de Naples, qui avait autrefois aidé Antonio lui-même à supplanter Prospéro, duc de Milan. Sébastien accepte le meurtre de son frère. La seconde série concerne Ferdinand, le fils d'Alonso, que la tempête a jeté à la côte dans une autre partie de l'île, de sorte que le père et le fils craignent chacun que l'autre ne se soit noyé. Ferdinand rencontre Prospéro et sa fille Miranda, et les deux jeunes gens tombent immédiatement amoureux. Prospéro feint d'abord de considérer Ferdinand comme un ennemi et le soumet à des travaux pénibles ; mais son seul but est de mettre à l'épreuve l'amour du jeune prince pour Miranda. La troisième série d'événements concerne deux humbles membres de l'entourage du Roi, Stéphano, sommelier ivrogne, et Trinculo, le bouffon. Jetés à la côte dans une troisième partie de l'île, les deux compères rencontrent l'esclave Caliban et lui font connaître le vin ; la brute voue à Stéphano une soumission superstitieuse, et ils projettent, à l'instigation de Caliban, de tuer Prospéro. Leur plan est déjoué, de même que celui d'Antonio et de Sébastien, par la magie de Prospéro et d'Ariel. Prospéro, après avoir pardonné à ses ennemis, rentre à Milan en qualité de duc.

Dans cette intrigue, de nombreux éléments rappellent l'action des dernières pièces romanesques ou tragi-comiques de Shakespeare, *Périclès, Prince de Tyr* (1608-1609), *Cymbelin* (1609-1610) et *Le Conte d'hiver* (1610-1611). Dans ces quatre pièces, des amis ou des parents sont séparés ou brouillés, et l'événement semble annoncer un dénouement tragique. Périclès perd sa femme et sa fille ; Cymbelin perd ses fils et, dans la même pièce, Posthumus Leonatus se croit trahi par sa femme ; dans *Le Conte d'hiver*, Léonte perd sa femme et ses enfants et se brouille avec son meilleur ami ; dans *La Tempête* enfin, Alonso perd son fils, et lui et Prospéro sont l'objet de complots machinés par leurs frères jaloux. De grandes souffrances naissent de ces séparations et de ces querelles. Mais, dans chacune de ces quatre pièces, tout le monde se retrouve ou se réconcilie en fin de compte, et ainsi sont évités les dénouements tragiques. Les épouses sont rendues à leurs maris, les enfants à leurs parents et les amis s'embrassent de nouveau. Dans *Le Conte d'hiver* et *La*

Tempête, c'est surtout le rapprochement des enfants qui s'aiment qui rétablit des rapports harmonieux entre les parents. Léonte croit avoir perdu sa fille Perdita, mais celle-ci tombe amoureuse du fils de l'ami avec lequel il s'est brouillé, et l'amour des jeunes gens contribue à réconcilier leurs pères. De même, dans *La Tempête,* l'amour de Miranda et de Ferdinand contribue à mettre fin au différend entre Prospéro et Alonso.

Certes, on peut trouver des éléments semblables même dans certaines des premières pièces de Shakespeare. Les premières scènes de *La Comédie des méprises* (vers 1591), par exemple, nous présentent le vieil Égéon à la recherche de sa famille qui lui est rendue au dernier acte. Mais ses affaires de famille ne sont que prétexte à une comédie burlesque fondée sur des erreurs d'identité. Dans les dernières pièces, les éléments qui constituent ce prétexte deviennent le véritable sujet du drame. C'est pourquoi elles ont une résonance, une atmosphère particulières : si les forces psychologiques qui mènent à la tragédie y sont pleinement et franchement exposées, il y est tout aussi clairement indiqué que ces forces peuvent être, en grande partie, vaincues par l'amour et la clémence, qui provoquent les réconciliations finales.

La Tempête (1611-1612) est sans doute la dernière pièce que Shakespeare ait écrite entièrement ; et s'il importe de la considérer par rapport aux autres pièces de son groupe, il convient aussi de la considérer seule, comme une œuvre distincte, différant, sur des points importants, des autres pièces avec lesquelles elle est généralement et commodément rangée.

L'un des points sur lesquels elle diffère des dernières pièces romanesques et tragi-comiques est assez manifeste. Dans toutes ces autres pièces, un temps considérable doit s'écouler entre la séparation ou la brouille initiale et la réunion ou la réconciliation finale. Dans *Le Conte d'hiver,* cet espace de temps est de seize ans, et Shakespeare construit sa pièce en deux parties bien distinctes : trois actes sont consacrés à la jalousie insensée de Léonte et à ses conséquences terribles, puis

deux autres aux jeunes amours qui remettent tout dans
l'ordre. Malgré ce partage, *Le Conte d'hiver* a une unité
thématique. Mais Shakespeare ne voulut pas reprendre
ce procédé qui avait été une réussite. Dans *La Tempête*,
il va à l'extrême opposé et travaille dans les limites de
l'unité de temps néo-classique. Il y parvient en ne
mettant en scène que les incidents qui précèdent
immédiatement le triomphe de Prospéro. Le préjudice
qu'avait causé Antonio à son frère Prospéro, douze ans
plus tôt, est simplement raconté à Miranda par son
père dans la seconde scène. Le danger de ce procédé
est que le préjudice à réparer, l'esprit du mal à vaincre,
peuvent sembler si lointains, si irréels, que l'équilibre
tragi-comique de la pièce en sera rompu. Aussi Shakespeare met-il en scène le complot analogue de Sébastien
contre son frère Alonso. Ce faisant, il montre que
l'esprit du mal est encore présent et actif jusqu'au
moment du triomphe de Prospéro — et peut-être
même après, car Antonio ne prononce aucun mot de
repentir, et on peut supposer qu'il reste cynique et
réfractaire, alors que les autres personnages se réjouis-
sent dans l'harmonie retrouvée. L'esprit du mal est
aussi présent et actif dans les machinations de Stéphano, Trinculo et Caliban contre Prospéro et
Miranda. Mais le rôle de Caliban est plus complexe que
cette simple constatation ne le laisse entendre. En
vérité son rôle a une telle importance que l'on peut
penser que, si Shakespeare a ouvert sa pièce non à
Milan, mais sur l'île enchantée, c'est surtout pour
permettre à Caliban d'y faire une entrée rapide,
conforme à son dessein. Car Caliban est essentiel dans
La Tempête. C'est la thèse de Mr. Frank Kermode,
qui donne de la pièce une interprétation intéressante
et non allégorique, dans son Introduction à l'édition *Arden* de *La Tempête* (Londres, 1954). Depuis
lors, quiconque veut définir le rôle de Caliban
doit beaucoup à l'étude savante et persuasive de
Mr. Kermode.

Quand Prospéro et Miranda arrivèrent sur l'île après
avoir été perfidement expulsés de Milan, Caliban était

la seule créature de forme humaine qui s'y trouvât. Ils essayèrent d'abord d'éduquer et de civiliser ce fils sauvage et hideux de « la hideuse sorcière Sycorax » (I, 2, 258). Ils le traitèrent avec bonté et lui apprirent à parler. Mais sa nature brutale s'affirma finalement et il tenta de violer Miranda. Se rendant compte qu'ils avaient affaire à

> un démon, un démon né !
> Jamais sur sa nature aucune éducation
> Ne tiendra : les efforts que j'ai faits pour son bien,
> Humainement, sont tous perdus, tous, sans retour. (IV,
> 1, 188-190.)

Prospéro réduisit Caliban à l'état de domestique. Hargneux, rancunier et vicieux, celui-ci besogne maintenant en esclave pour son maître et sa maîtresse.

Shakespeare écrivait à l'époque des grandes explorations au-delà des mers, en un temps où un dramaturge pouvait raisonnablement supposer chez son public une vive curiosité à l'égard des indigènes peuplant les terres qui venaient d'être découvertes. Il est évident qu'en inventant ce personnage, le créateur de Caliban satisfaisait dans une certaine mesure cette curiosité. Il est également évident qu'il était tout à fait à l'abri du sentimentalisme qui plus tard engendra le mythe du bon sauvage. Shakespeare était trop réaliste et, malgré sa venue relativement tardive, encore trop près de l'esprit du Moyen Age pour cela. Aussi son homme naturel supporte-t-il mal la comparaison avec les meilleurs parmi le groupe d'hommes civilisés qui l'entourent. Pour Ferdinand, même une corvée de bois peut être profitable ; mais Caliban se soumet à ce labeur uniquement parce qu'il est terrorisé par Prospéro. Le désir sexuel de Ferdinand est contenu par son grand amour pour Miranda ; mais Caliban ne sait que la désirer avidement. Miranda elle-même a tiré profit de l'éducation que lui a donnée son père ; mais cette même éducation s'est exercée sur Caliban en pure perte. Enfin, l'art pratiqué par Prospéro est une magie sacrée qui lui donne la maîtrise de soi-même et des

forces de la nature, alors que celui que pratiquait la
mère de Caliban, Sycorax, était une magie naturelle
orientée vers des fins mauvaises. Ces exemples mon-
trent bien que Shakespeare ne cherche pas le moins du
monde à idéaliser le primitif.

En même temps, la pièce fait apparaître qu'il est un
état pire encore que la brutalité naturelle de Caliban.
Antonio, le machiavélique et sardonique Antonio, a
joui d'avantages hors de la portée de Caliban. Mais
Antonio a utilisé, sans scrupule, son rang et son
éducation pour augmenter sa puissance dans le monde.
En conséquence, il se révèle alors d'une corruption
beaucoup plus répugnante que la grossière animalité de
Caliban. Plus médiocre et plus vulgaire qu'Antonio, le
sot et intempérant Stéphano souffre également du
voisinage de Caliban. Lui aussi a fait un mauvais usage
des possibilités que lui a offertes la civilisation.

Dans *La Tempête* donc, Shakespeare exprime au
moyen de juxtapositions dramatiques un certain nombre d'observations sur la nature humaine — sur la
nature humaine primitive, sur la nature humaine
civilisée et sur la nature humaine pervertie. Puisque
ces oppositions entre les modes de vie civilisé et
primitif y sont essentielles, on peut légitimement — si
inattendu que cela soit — voir dans *La Tempête* une
pièce pastorale dont Caliban occupe le centre, dans le
rôle du « héros pastoral à rebours » selon l'expression
même de Mr. Kermode (p. XLIII). Il est bon de noter
en passant que l'élément pastoral occupe, quoique sous
une forme plus habituelle, une place importante dans
Cymbelin et dans *Le Conte d'hiver*. Sous la forme moins
évidente que l'on vient de voir, il est partout présent
dans *La Tempête*.

Pareil point de vue peut être celui des lecteurs et des
spectateurs qui se contentent d'apprécier la pièce sans
trop essayer d'en rechercher les sens cachés. Mais
beaucoup de connaisseurs insistent pour interpréter *La
Tempête* comme une allégorie. Tel voit en Ariel et en
Caliban, respectivement, les éléments de l'air et de la
terre. Pour tel autre, Caliban, c'est l'esprit inculte,

Ariel, la fantaisie, et Prospéro, l'imagination. Pour un autre encore, soucieux d'idéologie politique, Caliban est le symbole des indigènes dépossédés, et Prospéro, celui de la bourgeoisie expropriatrice. Mais pour la majorité peut-être de ceux qui accordent leurs préférences à une explication de ce genre, Prospéro, c'est Shakespeare, et sa longue tirade au début du cinquième acte (v, 1, 33-87) commence par l'adieu de Shakespeare au théâtre.

Dans cette tirade, Prospéro s'adresse aux puissances qui l'ont aidé à exercer sa magie, et déclare :

> J'ai obscurci
> Le soleil méridien, sommé les vents rebelles
> Pour, entre la mer glauque et la voûte azurée,
> Déchaîner le fracas de la guerre : au tonnerre
> Terrible et redondant j'ai prêté feu ; fendu
> Le chêne de Jupin avec sa propre foudre,
> Le massif promontoire ébranlé sur sa base.
> Et par les griffes arraché sapins et cèdres.
> Les tombeaux, réveillant leurs dormeurs à mon ordre,
> Se sont ouverts afin de les laisser sortir
> Tant sont puissants mes charmes... (v, 1, 41-50.)

Ces exploits de Prospéro le magicien, et surtout le dernier, peuvent, prétend-on, représenter les réussites de Shakespeare dramaturge. Quand, dans les vers qui suivent, Prospéro renonce à sa magie, il incarne, suivant ce point de vue, Shakespeare lui-même se retirant de la scène dramatique :

> Mais cet art grossier,
> Cependant, je l'abjure, et quand j'aurai requis
> (Voici, je la requiers) la musique céleste
> Qui doit aux fins que je poursuis plier les sens
> Auxquels est destiné ce charme aérien,
> Je briserai ma baguette, je l'enfouirai
> A plusieurs coudées dans le sein de la terre
> Et plus profond que jamais sonde ne parvint,
> Je noierai ce mien livre. (v, 1, 50-57.)

L'interprétation avancée par Mr. W. H. Auden dans sa grande œuvre en vers et en prose, *La Mer et le Miroir : Commentaire de « La Tempête » de Shakespeare*

(Londres, 1945), s'apparente à ce point de vue, mais elle donne à la pièce un sens plus que simplement autobiographique. *La Mer et le Miroir* est avant tout une œuvre d'imagination entièrement originale, mais elle suggère en même temps une interprétation intéressante de la pièce de Shakespeare. Elle commence où finit *La Tempête.* Prospéro fait ses adieux à Ariel et se prépare à rentrer à Milan : l'artiste abandonne son art après s'en être servi une dernière fois pour donner un dénouement heureux aux événements qui se sont déroulés sur l'île enchantée. Il est vrai que Caliban n'est pas régénéré et qu'Antonio, lui aussi, reste à l'écart dans sa cynique vanité. Mais enfin tous les autres personnages se sont réconciliés entre eux et avec eux-mêmes. L'art de Prospéro leur a rendu un service précieux malgré son efficacité limitée, que fait apparaître son échec dans le cas des deux personnages récalcitrants. Ferdinand et Miranda trouvent le bonheur dans leur amour mutuel, Stéphano dans son amour pour la boisson ; Gonzalo, le vieux conseiller, reconnaît humblement la pauvreté de son éloquence solennelle et l'impropriété de l'attitude qui l'inspirait ; Sébastien est heureux que le complot meurtrier qu'il avait fomenté contre son frère ait été déjoué. Alonso reconnaît la nécessité de s'acquitter avec conscience des devoirs de la royauté mais sans perdre de vue les réalités, dures et souvent humiliantes, de la condition humaine ; et il en va de même pour d'autres personnages. Tout cela, c'est Prospéro, l'artiste, qui l'a rendu possible grâce à Ariel, son imagination.

Mais cette collaboration avec Ariel a entraîné le refoulement de Caliban. Autrement dit, en utilisant son imagination pour accroître les passions de sympathie de ses compagnons, l'artiste a ignoré l'élément brutal, égoïste et obstiné, qui fait partie intégrante de la nature humaine. Et Mr. Auden permet à Caliban d'ajouter aux discours en vers des autres personnages un long discours en prose qui est du plus grand intérêt, car il définit les rôles que jouent Ariel et Caliban dans la vie de ceux qui ne sont pas artistes. Même considéré simplement comme un commentaire de la pièce de Shakespeare, *La Mer et le Miroir* invite ses lecteurs à voir dans *La Tempête* l'évaluation de la puissance de l'art et des limites de cette puissance. Prospéro y représente l'artiste, Ariel, son imagination, et Caliban, les forces brutales qui sont en lui et qu'en tant qu'artiste il est enclin à ignorer ; les autres personnages, à l'exception d'Antonio, lui permettent de montrer la puissance de l'art qui illumine et transforme la vie des hommes ; mais Antonio, tout comme Caliban, accuse les limites de cette influence.

Peut-être cette interprétation va-t-elle trop loin. Peut-être toutes les tentatives pour expliquer *La Tempête* comme une allégorie sont-elles plus ou moins forcées. Mais du moins l'interprétation de Mr. Auden met-elle exactement l'accent sur la note de réconciliation, de clémence et d'amour sur laquelle, pour la plupart des personnages, la pièce se termine. De ce point de vue, il y a une différence marquée entre *La Tempête* et *Le Conte d'hiver*. Dans *La Tempête*, on ne peut à aucun moment douter sérieusement du dénouement heureux. Dès le début, Prospéro domine entièrement la situation et il est clair qu'il usera de son pouvoir avec sagesse. Il arrive évidemment qu'Antonio s'exprime avec un cynisme qui fait parfois penser à Iago. Quand, par exemple, Sébastien lui parle de sa conscience, il riposte, avec mépris :

> Où cela niche-t-il ?
> Si c'était une ampoule au pied, je porterais
> Pantoufle, mais je ne sens point cette déesse
> En mon sein. Vingt consciences se dressassent-elles
> Entre Milan et moi, bah ! je les ferais fondre
> Avant d'en être ému. Votre frère gît là.
> Il ne vaudrait pas mieux que le terreau qu'il couvre
> S'il était ce dont il a l'air, à savoir mort,
> Lui que de cet acier obéissant — six pouces
> Y suffiraient — je puis endormir pour toujours
> Tandis que, faisant de même, vous pourriez
> Mettre en perpétuel sommeil ce vieux débris,
> Ce sire Prudence, l'empêchant de la sorte

> De blâmer notre initiative ; quant aux autres,
> Vous les verrez gober l'invite comme un chat
> Boit du lait, annonçant que c'est l'heure à l'horloge
> Quoi que nous déclarions opportun. (II, 1, 273-287.)

Il y a dans ce discours une extraordinaire puissance due, à la fois, à la vigueur de sa syntaxe et de son vocabulaire familiers, à ses images inattendues, frappantes et surprenantes, et à d'autres facteurs trop subtils pour être analysés. Cependant Antonio ne menace pas sérieusement le dénouement heureux de la pièce comme pourraient le laisser craindre ces vers. Il semble dangereux ; mais ses apparitions ne sont pas nombreuses et ses agissements perfides sont surveillés de trop près pour lui permettre d'approcher du succès. Caliban n'est pas non plus un danger réel pour Prospéro : la collaboration de Stéphano et de Trinculo suffit à garantir l'échec de sa révolte. Antonio et Caliban jouent des rôles représentatifs importants dans la pièce, mais ni l'un ni l'autre ne semble pouvoir réussir dans ses entreprises criminelles.

C'est pourquoi *La Tempête* possède une espèce de sérénité tout à fait inhabituelle. Le mal n'y est pas absent ; il y est clairement et franchement présenté. Mais ses activités ne semblent pas dangereuses pendant le déroulement de la pièce. Dans les trois ou quatre heures de sa durée, la plupart des principaux personnages apprennent à se connaître, à se repentir de leurs fautes, et à s'aimer. En la voyant jouer, ou en la lisant, nous sommes amenés à découvrir un peu de la splendeur et de la bassesse, de la noblesse et de la bestialité dont est faite notre nature humaine, et dans une certaine mesure à accepter avec satisfaction, mais sans aucune indulgence, tout ce que nous découvrons.

Peut-être ce résultat est-il dû en partie au charme de l'île enchantée qui agit sur nous, spectateurs ou lecteurs, comme il agit sur les personnages eux-mêmes. La supériorité de Caliban sur Stéphano et Trinculo apparaît notamment dans sa sensibilité au charme, naturel et magique, de l'île ; et ses paroles sont

importantes parmi celles qui nous rendent sensibles à
ce charme :

> Sois sans crainte : cette île est pleine de rumeurs,
> De bruits, d'airs mélodieux qui charment sans nuire.
> Tantôt ce sont mille instruments, qui vibrent, qui
> Bourdonnent à mes oreilles. Tantôt des voix,
> Alors même que je m'éveille d'un long somme,
> M'endorment à nouveau pour me montrer en songe
> Dans les nuées qui s'entrebâillent, des trésors
> Prêts à m'échoir, tant et si bien qu'à mon réveil
> Je supplie de rêver encore. (III, 2, 133-141.)

Envoûtés par ce charme, nous devenons particulière-
ment sensibles au symbolisme de la pièce, symbolisme de la tempête, de la musique et du sommeil par
exemple, qui demanderait une analyse plus approfon-
die qu'il n'est possible de le faire dans une courte
préface, et qui, d'ailleurs, déjouerait sans doute en fin
de compte l'analyste le plus subtil. Ce charme n'exclut
pas l'humour facile. La scène dans laquelle Stéphano
trouve Caliban et Trinculo cachés sous le manteau de
Caliban, est un excellent morceau de farce, d'un genre
qui n'est pas totalement inconnu du théâtre moderne
de variétés. Mais le sentiment dominant qui pénètre
lecteurs et spectateurs, c'est l'acceptation sereine,
généreusement exprimée avec émotion dans les vers, si
souvent cités, que prononce Prospéro après le divertis-
sement joué par ses esprits en l'honneur des fiançailles
de Ferdinand et Miranda :

> Nos divertissements sont finis. Ces acteurs,
> J'eus soin de vous le dire, étaient tous des esprits :
> Ils se sont dissipés dans l'air, dans l'air subtil.
> Tout de même que ce fantasme sans assises,
> Les tours ennuagées, les palais somptueux,
> Les temples solennels et ce grand globe même,
> Avec tous ceux qui l'habitent, se dissoudront,
> S'évanouiront tel ce spectable incorporel
> Sans laisser derrière eux ne fût-ce qu'un brouillard.
> Nous sommes de la même étoffe que les songes
> Et notre vie infime est coiffée de sommeil.
> (IV, 1, 146-158.)

J. D. JUMP.

NOTICE

TEXTE. *Celui du premier Folio. (1623). Texte passable, de ponctuation soignée, divisé en actes et scènes, avec, pour les scènes à spectacle, une abondance inusitée d'indications scéniques, semblables à celles en usage dans les « masques » de cour, et probablement de la main même de Shakespeare dans l'ensemble. La pièce est la première du volume, ce qui explique peut-être le soin de sa présentation. On conjecture qu'elle a été composée sur un manuscrit assez châtié, peut-être du copiste Ralph Crane; elle n'est pourtant pas exempte d'erreurs de linéation et, sans doute, de confusions entre vers et prose. C'est l'une des rares pièces du Folio pourvue d'une liste de personnages.*

DATE ET ATTRIBUTION. *Inscrite au Registre des Libraires en 1623 pour la publication dans le premier Folio. Étant donné qu'elle fut jouée à la Cour le 1er novembre 1611 et qu'elle tire une partie de sa matière de brochures publiées ou rédigées en 1610, on peut dater sa composition de 1611 à la satisfaction de la plupart des savants (y compris Chambers et F. Kermode) mais non de tous. J. Dover Wilson (1921), notamment, soutient qu'elle fut copieusement révisée pour les fêtes du mariage, en février 1613, de la princesse Elizabeth et de l'Electeur Palatin, devant qui elle fut certainement jouée, le masque hyménéen y étant substitué à d'autres matières, dans un texte déjà abrégé et refondu à partir d'une œuvre beaucoup plus*

ancienne qui n'était pas nécessairement de Shakespeare.
Cette vue est étayée par une étude formelle du texte.
D'autres (J. M. Robertson, 1917 et 1921 ; W. J.
Lawrence, 1921 ; H. D. Gray, 1921) ont également
considéré le masque comme une interpolation, attribuée par
Robertson à Heywood ou Chapman, comme par Fleay
jadis à Beaumont. Chambers admet la possibilité de légères
additions par d'autres auteurs à certains endroits du
masque, et Kermode estime que Shakespeare a délibéré-
ment couché cette « pièce dans la pièce » en une langue
pastiche de la diction du masque alors à la mode.

SOURCES. *Il existe des analogues partiels de l'histoire*
dans des contes d'origine italienne ou espagnole, dans des
scénarios contemporains de la commedia dell'arte, *et dans*
des ouvrages anglais. En outre, la pièce allemande Die
Schöne Sidea *de Jacob Ayrer (de Nuremberg, mort en*
1605) a paru à beaucoup offrir un rapport particulier avec
La Tempête. *Néanmoins, aucune source immédiate pré-*
cise n'a pu être identifiée. Des récits du naufrage de Sir
George Somers aux Bermudes le 25 juillet 1609 ont
*apporté des éléments. L'*Histoire des Voyages *de Richard*
Eden *(1577) a dû fournir le nom de « Setebos » ; et l'essai*
« Des Cannibales », dans la traduction Florio de Mon-
taigne, une partie de la matière du discours utopiste de
Gonzalo.

REPRÉSENTATIONS. *Jouée à la Cour par les Comédiens*
du Roi le 1ᵉʳ novembre 1611 et de nouveau pendant l'hiver
1612-1613. Une adaptation grossière de Davenant et
Dryden, vue par Pepys en 1669 et transformée en opéra,
avec musique de Purcell, en 1673, a servi de base, au
XVIIIᵉ et au début du XIXᵉ siècle, aux mises en scène de
Garrick, Kemble et Macready. En 1838, Macready reprit
la pièce de Shakespeare, et depuis lors on peut citer comme
remarquables les créations de Samuel Phelps (1847 et
1849), de Charles Kean (1857) et de Beerbohm Tree
(1904). Depuis la Seconde Guerre mondiale, la plus

appréciée parmi plusieurs reprises importantes a été celle de Peter Brook à Stratford, marquée par un Prospéro très admiré de John Gielgud et un accompagnement de musique concrète. Cette version fut ensuite jouée au théâtre de Drury Lane à Londres, première pièce shakespearienne donnée à ce théâtre depuis 1938. Signalons encore la mise en scène par Jean Deschamps, à Carcassonne en 1948, d'une adaptation d'Yves Florenne, et celle de l'Anglais John Blatchley pour la Comédie de Saint-Etienne en 1955.

CRITIQUE. *« L'un des plus nobles effets de cette étonnante et sublime Imagination particulière à Shakespeare », s'écrie Warburton, cité avec éloge par Johnson. Et cependant c'est l'adaptation Dryden-Davenant qui tient la scène au XVIIIe siècle. Coleridge et Hazlitt, bien entendu, rivalisent d'enthousiasme, suivis depuis lors par la grande majorité des critiques. Pourtant Lytton Strachey (1906) juge le Shakespeare de cette pièce « ennuyé de tout si ce n'est de poésie et de rêves poétiques », et H. B. Charlton, tout en reconnaissant sa valeur poétique, constate un net déclin de puissance dramatique et par conséquent de profondeur. D'autres enfin ont placé la pièce au-dessous du* Conte d'hiver, *l'autre « roman » de la même période.*

Quoique le réalisme du traitement soit généralement reconnu, c'est l'élément irréel (et de ce fait doué de plus de potentiel symbolique) qui a provoqué les jugements contradictoires et orienté les commentaires de ce dernier siècle vers l'interprétation symbolique. Le nombre et la variété des solutions proposées sont considérables. Pour Montégut (1865), c'est une allégorie des adieux de Shakespeare à son public et de l'histoire du théâtre de son temps, où Caliban est Marlowe et Ariel « le génie anglais ». Pour Lowell (1870), Prospéro est l'Imagination, Ariel la Fantaisie, et Caliban l'Instinct. Ruskin y voyait une allégorie du Gouvernement et du Travail ; Dowden (1875), l'adieu de Shakespeare, avec Miranda, son Art, et Ferdinand, le jeune et doué Fletcher, le tout imprégné de la sérénité enfin conquise par l'auteur ; et Furnivall (1877), le thème de la Réconciliation et du Pardon, commun à toutes les pièces du groupe. *Cette dernière analyse a été fréquemment réitérée et développée, ainsi que les idées voisines de régénération, de purification, de renouvellement et de repentir. Les interprétations les plus ésotériques et mystiques sont celles de C. Still (1921) et de G. Wilson Knight (1929 et 1947). Le premier rattache la pièce aux mythes et rituels anciens, Prospéro étant Dieu, Caliban le Diable et Miranda la « fiancée céleste ». Le second en dégage un symbolisme de la Renaissance (avec un Prospéro qui serait une sorte d'Homme-Dieu nietzschéen) et de l'âme anglaise, ainsi qu'un mythe de l'immortalité et une allégorie de l'histoire artistique personnelle de Shakespeare. On doit à sa première étude la reconnaissance désormais acquise du sens des images de tempête et de son antithèse, la « musique », dans l'œuvre de Shakespeare. D'une manière générale, son commentaire, s'il a rarement convaincu dans sa totalité, a puissamment contribué à éclairer la pièce. L'éditeur* Arden, F. Kermode, *estime que le thème central concerne la Nature et l'Education, la Nature et l'Art, et que le traitement relève de la Pastorale (avec influence du Livre VI de la* Faerie Queene *de Spenser). Des critiques ont encore souligné la présence des idées de discipline et de vraie liberté.* W. C. Curry (1937), *s'attachant à la forme, discerne une pièce inspirée d'idées néo-platoniciennes et d'intentions classiques.* B. Evans (1960) *montre comment Shakespeare reprend sa vieille technique d'auteur comique : les spectateurs en savent toujours plus long que les personnages.*

Dans le domaine de l'interprétation, aucun accord général n'a encore été réalisé. On dispute encore sur la question de savoir si Prospéro (ou Shakespeare) est entièrement « bon »; si c'est Shakespeare ou Beaumont et Fletcher qui sont les imitateurs dans la mode nouvelle de la tragi-comédie; si la pièce est optimiste ou non; dans quelle mesure Prospéro est ou a été imparfait (vue attaquée depuis par P. Legouis); si la pièce est subjective, si Caliban est tracé d'après nature et s'il est l'objet d'une intention sérieuse, etc. Mais tout le monde est sans doute d'accord pour reconnaître une importance essentielle au dénouement heureux, encore que l'on diffère sur son degré d'étendue et de didactisme. Renan dans son sceptique Caliban *(1878) et W. H. Auden dans* La Mer et le Miroir *(1945) offrent des méditations intéressantes sur ce dénouement.*

F. N. Lees.

LA TEMPÊTE

CHARACTERS IN THE PLAY

ALONSO, *King of Naples*.
SEBASTIAN, *his brother*.
PROSPERO, *the right Duke of Milan*.
ANTONIO, *his brother, the usurping Duke of Milan*.
FERDINAND, *son to the King of Naples*.
GONZALO, *an honest old Councillor*.
ADRIAN *and* FRANCISCO, *Lords*.
CALIBAN, *a salvage and deformed slave*.
TRINCULO, *a Jester*.
STEPHANO, *a drunken Butler*.
SHIP-MASTER.
BOATSWAIN.
Mariners.
MIRANDA, *daughter to Prospero*.
ARIEL, *an airy Spirit*.
IRIS
CERES
JUNO ⎫ *Spirits*.
Nymphs ⎬
Reapers ⎭

The scene, an uninhabited island.

PERSONNAGES

ALONSO, *roi de Naples.*
SÉBASTIEN, *son frère.*
PROSPÉRO, *le duc légitime de Milan.*
ANTONIO, *son frère, duc de Milan par usurpation.*
FERDINAND, *fils du roi de Naples.*
GONZALO, *vieux conseiller loyal.*
ADRIEN } *seigneurs.*
FRANCISCO
CALIBAN, *esclave sauvage et difforme.*
TRINCULO, *bouffon.*
STÉPHANO, *sommelier ivrogne.*
UN CAPITAINE DE NAVIRE.
UN MAITRE D'ÉQUIPAGE.
Matelots.
MIRANDA, *fille de Prospéro.*
ARIEL, *esprit des airs.*
IRIS
CÉRÈS
JUNON } *esprits.*
Nymphes
Moissonneurs

La scène : une île déserte.

ACTE PREMIER

[I, 1.]

A tempestuous noise of thunder and lightning heard.
The waist of a ship is seen, seas breaking over it.

A SHIP-MASTER: A BOATSWAIN

MASTER [*from the poop-deck*]

Bos'n!

BOATSWAIN [*in the waist*]

Here, master: what cheer?

MASTER

Good: speak to th' mariners: fall to't—yarely—or we
run ourselves aground.   Bestir, bestir.

> [*he returns to the helm.*
> *Master's whistle heard.   Mariners come aft.*

BOATSWAIN

Heigh my hearts! cheerly, cheerly my hearts. . .
yare, yare. . . take in the topsail. . . tend to th' master's

SCÈNE PREMIÈRE

Bruit de tempête mêlé de tonnerre et d'éclairs.

A bord d'un navire luttant contre une mer déchaînée[1]. UN CAPITAINE *et* UN MAÎTRE D'ÉQUIPAGE.

LE CAPITAINE

Maître !

LE MAÎTRE

Ici, capitaine. Comment va ?

LE CAPITAINE

Bien. Presse les hommes, mon bon. Qu'on se démène, et vivement, sans quoi nous nous échouons.

Il sort.
Entrent des matelots.

LE MAÎTRE

Ohé, les gars ! Hardi, hardi, les gars ! Preste, preste. Amenez le hunier. Attention au sifflet du capitaine. (*A

whistle... [*to the gale*] Blow till thou burst thy
wind—if room enough!

> *Alonso, Sebastian, Antonio, Ferdinand, Gon-*
> *zalo, and others come on deck.*

ALONSO

Good boatswain have care... Where is the master?
10 Play the men.

BOATSWAIN

I pray now, keep below.

ANTONIO

Where is the master, bos'n?

BOATSWAIN

Do you not hear him? You mar our labour.
Keep your cabins: you do assist the storm.

GONZALO

Nay, good, be patient.

BOATSWAIN

When the sea is... Hence!
What care these roarers for the name of king?
To cabin... silence... trouble us not!

GONZALO

Good, yet remember whom thou hast aboard.

la tempête.) Va, souffle à en crever, pourvu qu'on ait du champ.

Entrent Alonso, Sébastien, Antonio, Ferdinand,
Gonzalo et d'autres.

ALONSO

Veille au grain, brave maître d'équipage. Où est le capitaine ? Appelle tous les hommes.

LE MAÎTRE

Restez donc en bas, je vous en prie.

ANTONIO

Où est le capitaine, maître ?

LE MAÎTRE

Vous ne l'entendez pas, peut-être ? Vous êtes dans nos jambes. Restez dans vos cabines. Vrai, vous aidez la tempête !

GONZALO

Allons, mon brave, un peu de patience.

LE MAÎTRE

Quand la mer en aura. Au large ! Ces braillardes,
     (montrant les vagues)
Vous croyez que ça les arrête, un nom de roi ?
Silence. À vos cabines. Laissez-nous tranquilles.

GONZALO

Rappelle-toi pourtant qui tu portes à bord, mon bon.

BOATSWAIN

None that I more love than myself... You are a
20 Councillor—if you can command these elements to
silence, and work the peace of the present, we will not
hand a rope more. Use your authority... If you
cannot, give thanks you have lived so long, and make
yourself ready in your cabin for the mischance of the
hour, if it so hap...
Cheerly, good hearts... Out of our way, I say.

[*he runs forward.*

GONZALO [*his speech interrupted
as the ship pitches*]

I have great comfort from this fellow... Methinks
he hath no drowning mark upon him, his complexion
is perfect gallows... Stand fast, good Fate, to his
30 hanging, make the rope of his destiny our cable, for
our own doth little advantage... If he be not born to
be hanged, our case is miserable.

*Boatswain comes aft: courtiers retreat before him
to their cabins.*

BOATSWAIN

Down with the topmast... yare, lower, lower! bring
her to try with main-course... ['*A cry*' *is heard
below.*] A plague upon this howling... they are
louder than the weather, or our office...

Sebastian, Antonio, and Gonzalo return.

Yet again?   What do you here?   Shall we give o'er
and drown?   Have you a mind to sink?

SEBASTIAN

A pox o' your throat, you bawling, blasphemous,
40 incharitable dog!

LE MAÎTRE

Personne que j'aime mieux que moi-même. Vous êtes conseiller ? Eh bien, si vous savez enjoindre le silence à ces éléments et ramener tout de suite la paix, nous ne toucherons plus à un cordage. Usez voir de votre autorité. Si vous n'en pouvez mais, alors soyez reconnaissant d'être encore en vie, regagnez votre cabine et préparez-vous au coup de guignon s'il doit venir. Hardi les gars ! Otez-vous de là, vous dis-je.

Il sort.

GONZALO

Ce gaillard-là me rassure fort : je ne lui vois aucun signe de noyade, mais la mine d'un parfait gibier de potence. Tiens ferme pour sa pendaison, bon destin, et de sa corde fatale fais notre câble de salut, car les nôtres ne nous profitent guère. Si l'homme n'est pas né pour être branché, notre cas est pitoyable.

Rentre le Maître. Ils sortent.

LE MAÎTRE

Amenez le mât de hune ! Vivement ! Amène, amène ! A la cape avec la grand'voile ! (*'Cris' en bas*) Sacrés braillards, ils font plus de vacarme que la tempête et la manœuvre.

Rentrent Sébastien, Antonio et Gonzalo.

Encore ! Qu'est-ce que vous faites ici ? Faut-il qu'on lâche tout et qu'on aille au fond ? C'est boire la tasse que vous voulez ?

SÉBASTIEN

La vérole t'étouffe, aboyeur de blasphèmes, chien sans pitié !

BOATSWAIN

Work you, then.

[he turns from them.

ANTONIO

Hang, cur, hang, you whoreson, insolent noise-
maker! we are less afraid to be drowned than thou art.

GONZALO

I'll warrant him for drowning, though the ship were
no stronger than a nutshell, and as leaky as an
unstaunched wench.

BOATSWAIN [*shouting*]

Lay her a-hold, a-hold!   Set her two courses.   Off
to sea again! [*in despair*] lay her off!

> *The ship strikes.   Fireballs flame along the*
> *rigging and from beak to stern.   'Enter mariners*
> *wet.'*

MARINERS

All lost! to prayers, to prayers! all lost!

BOATSWAIN [*slowly pulling out a bottle*]

50   What, must our mouths be cold?

GONZALO

The king and prince at prayers.   Let's assist them,
For our case is as theirs.

SEBASTIAN

I am out of patience.

LE MAÎTRE

Faites donc le travail, alors.

ANTONIO

Au gibet, dogue, au gibet, fils de garce, impudent gueulard ! Nous avons moins peur de nous noyer que toi.

GONZALO

Se noyer, lui ? Non pas, je m'en porte garant, quand bien même le navire serait aussi frêle qu'une coquille de noix et perdrait comme une fille qui a des fuites.

LE MAÎTRE

Au plus près du vent ! Au plus près ! Hissez les deux basses voiles ! Au large ! Au large !

Entrent des matelots ruisselants.

LES MATELOTS

Tout est perdu ! En prières, en prières, tout est perdu !

LE MAÎTRE

Quoi, va-t-il falloir qu'on boive la goulée froide ?

GONZALO

Le roi est en prières, et le prince. Allons
Nous joindre à eux : nous avons même sort.

SÉBASTIEN

J'enrage.

ANTONIO

We are merely cheated of our lives by drunkards—
This wide-chopped rascal—would thou mightst lie drowning
The washing of ten tides!

GONZALO

                    He'll be hanged yet,
Though every drop of water swear against it,
And gape at wid'st to glut him.

'A CONFUSED NOISE' BELOW

                              Mercy on us!—
We split, we split!—Farewell, my wife and children!—
Farewell, brother!—We split, we split, we split!

ANTONIO

60 Let's all sink with' king.

SEBASTIAN

                    Let's take leave of him.

                                        [*they go below.*

GONZALO

Now would I give a thousand furlongs of sea—for an
acre of barren ground... long heath, brown firs, any
thing...   The wills above be done, but I would fain
die a dry death!

                    A crowd bursts upon deck, making for the ship's
                    side, in the glare of the fireballs.   Of a sudden
                    these are quenched.   A loud cry of many voices.

ANTONIO

Nous sommes bel et bien floués de notre vie
Par des soûlards. Cette canaille à grande gueule
Mériterait d'être lavée par dix marées[2] !

GONZALO

Moi, je tiens qu'il sera pendu, quand chaque goutte
Jurerait contre et bâillerait pour l'engloutir.

VOIX CONFUSES EN BAS

Nous coulons, nous coulons ! Ayez pitié de nous !
Adieu, ma femme, mes enfants. Adieu, mon frère.
Nous coulons, nous coulons, nous coulons !

ANTONIO

                                        Allons tous
Sombrer avec le roi.

SÉBASTIEN

            Prenons congé de lui.

Ils sortent.

GONZALO

Je donnerais bien mille lieues de mer à cette heure
pour un arpent de méchante terre : haute bruyère, pins
rouges, n'importe quoi. Les volontés d'en haut soient
faites, mais j'aimerais mieux mourir d'une mort sèche.

Fracas de naufrage.

[I, 2.]

*The Island. A green plat of undercliff, approached by a path
descending through a grove of lime-trees alongside the upper cliff, in the
face of which is the entrance of a tall cave, curtained*

MIRANDA, *gazing out to sea:* PROSPERO, *in wizard's
mantle and carrying a staff, comes from the cave.*

MIRANDA [*turning*]

If by your art—my dearest father—you have
Put the wild waters in this roar—allay them:
The sky, it seems, would pour down stinking pitch,
But that the sea, mounting to th' welkin's cheek,
Dashes the fire out... O! I have suffered
With those that I saw suffer: A brave vessel,

[*in a whisper.*

(Who had no doubt some noble creature in her!)
Dashed all to pieces: [*sobbing*] O the cry did knock
Against my very heart... poor souls, they perished...
10 Had I been any god of power, I would
Have sunk the sea within the earth, or e'er
It should the good ship so have swallowed, and
The fraughting souls within her.

PROSPERO

                                    Be collected,
No more amazement: Tell your piteous heart
There's no harm done.

MIRANDA

O woe the day!

SCÈNE II

L'île. Devant la grotte de Prospéro.

PROSPÉRO, *portant un manteau et une baguette magiques,*
MIRANDA.

MIRANDA

Si c'est votre art, très cher père, qui a jeté
Les flots furieux en ce délire, apaisez-les !
Le ciel déverserait un bitume fétide,
Semble-t-il, si la mer n'escaladait sa face
Pour en noyer le brasier. Oh ! j'ai souffert
Avec ceux que j'ai vus souffrir. Un fier vaisseau
(Qui, pour sûr, portait quelque noble créature [3])
Mis en pièces ! Leur cri est venu me frapper
Oh ! en plein cœur. Ils ont péri, les pauvres âmes...
Que n'étais-je un dieu tout-puissant : j'eusse abîmé
L'océan dans la terre au lieu de le laisser
Engloutir de la sorte un si brave navire
Et sa cargaison d'âmes !

PROSPÉRO

Remets-toi. Du calme.
Et rassure ton cœur pitoyable. Aucun mal
N'est advenu.

MIRANDA

Hélas, jour funeste !

PROSPERO

No harm:
I have done nothing, but in care of thee
(Of thee, my dear one; thee, my daughter) who
Art ignorant of what thou art... nought knowing
Of whence I am... nor that I am more better
20 Than Prospero, master of a full poor cell,
And thy no greater father.

MIRANDA [*her eyes on the sea again*]

More to know
Did never meddle with my thoughts.

PROSPERO

'Tis time
I should inform thee farther: Lend thy hand
And pluck my magic garment from me... So,

[*he lays aside his mantle.*

Lie there my art: Wipe thou thine eyes, have comfort,
The direful spectacle of the wrack, which touched
The very virtue of compassion in thee...
I have with such provision in mine art
So safely ordered, that there is no soil,
30 No, not so much perdition as an hair,
Betid to any creature in the vessel
Which thou heard'st cry, which thou saw's sink: Sit
[down,
For thou must now know farther.

MIRANDA

You have often
Begun to tell me what I am, but stopped,
And left me to a bootless inquisition,
Concluding, 'Stay: not yet.'

PROSPÉRO

                          Aucun mal.
Je n'ai rien fait qui ne fût pour l'amour de toi,
De toi, ma très chère, de toi, ma fille, qui
Ne sais du tout ce que tu es, car tu ignores
Mon origine, et que je suis bien autre chose
Que Prospéro, seigneur d'une méchante grotte
Et ton père, sans plus.

MIRANDA

                      En savoir davantage
N'a jamais effleuré mon esprit.

PROSPÉRO

                        Il est temps
Que je t'instruise plus avant. Mais viens m'aider
A quitter ce manteau magique. C'est cela.

Il dépose son manteau.

Charme, repose... Essuie tes yeux, console-toi,
Car le spectacle déchirant de ce naufrage
Qui, en toi, a touché la compassion au vif,
Mon art l'a su régler de si prudente sorte
Que pas une âme n'a souffert, que nul à bord
N'a perdu un cheveu, nul, dis-je, de tous ceux
Que tu viens d'entendre crier, de voir sombrer.
Mais assieds-toi : il faut que tu sois mieux instruite
Désormais.

MIRANDA

               Bien des fois, monsieur, vous commençâtes
De m'apprendre ce que je suis, pour tout à coup
Cesser, me laissant à mes vaines conjectures
Sur un dernier « Suffit, pas encore ».

PROSPERO

                              The hour's now come,
The very minute bids thee ope thine ear,
Obey, and be attentive...

> [*he sits on a bench of rock, Miranda beside him.*

                              Canst thou remember
A time before we came unto this cell?
40 I do not think thou canst, for then thou wast not
Out three years old.

MIRANDA

Certainly sir, I can.

PROSPERO

By what? by any other house, or person?
Of any thing the image, tell me, that
Hath kept with thy remembrance.

MIRANDA

                              'Tis far off...
And rather like a dream, than an assurance
That my remembrance warrants...   Had I not
Four—or five—women once, that tended me?

PROSPERO

Thou hadst; and more, Miranda: But how is it,
That this lives in thy mind?   What seest thou else
50 In the dark backward and abysm of time?
If thou remembrest aught ere thou cam'st here,
How thou cam'st here thou mayst.

MIRANDA

                              But that I do not.

PROSPÉRO

C'est l'heure.
Oui, la minute t'y convie, prête l'oreille.
Sois docile et attentive. Te souvient-il
Du temps d'avant notre arrivée en cette grotte ?
Non, je présume, car tu n'avais pas trois ans.

MIRANDA

Mais si, monsieur, je m'en souviens.

PROSPÉRO

Comment cela ?
Est-ce du fait d'une maison, d'une personne ?
De quelque image que tu gardes souvenance,
Dis-le-moi.

MIRANDA

C'est si loin ; c'est un rêve plutôt
Qu'un souvenir dont je sois sûre... Avais-je pas
Quatre femmes, ou même cinq, pour me servir ?

PROSPÉRO

Oui, Miranda, et davantage. Est-il possible
Que cela vive en ton esprit ? Que vois-tu d'autre
Dans le recul obscur et caverneux du temps ?
S'il te souvient d'avant que tu vinsses ici
Ne peux-tu évoquer comment tu y parvins ?

MIRANDA

Non pas : de ce comment, nul souvenir.

PROSPERO

Twelve year since—Miranda—twelve year since,
Thy father was the Duke of Milan and
A prince of power...

MIRANDA

Sir, are not you my father?

PROSPERO

Thy mother was a piece of virtue, and
She said thou wast my daughter; and thy father
Was Duke of Milan, and his only heir—
A princess; no worse issued.

MIRANDA

                                     O the heavens,
60 What foul play had me, that we came from thence?
Or blessèd was't we did?

PROSPERO

                           Both, both, my girl...
By foul play—as thou sayst—were we heaved thence,
But blessedly holp hither.

MIRANDA

                              O my heart bleeds
To think o'th' teen that I have turned you to,
Which is from my remembrance. Please you,
                                              [farther...

PROSPERO

My brother, and thy uncle, called Antonio...
I pray thee mark me, that a brother should

PROSPÉRO

                                        Voici
Douze années de cela, Miranda, douze années,
Ton père était duc de Milan et de surcroît
Un puissant prince.

MIRANDA

            Eh ! quoi, n'êtes-vous pas mon père ?

PROSPÉRO

Ta vertueuse mère te disait ma fille.
Ton père était duc de Milan, dis-je, et princesse
Son unique héritière, rien de moins.

MIRANDA

                              O ciel,
Quel complot maudit nous chassa ? Ou dois-je enten-
                                          [dre
Que nous fûmes bénis ?

PROSPÉRO

                    Les deux, les deux, ma fille.
Tu as raison, un complot maudit nous chassa,
Mais un secours béni nous fit gagner ces rives.

MIRANDA

Hélas, le cœur me saigne à songer au souci
Que j'ai dû vous donner alors, sans qu'il m'en reste
Souvenir. Mais de grâce poursuivez.

PROSPÉRO

                        Mon frère
Antonio, ton oncle donc, suis bien le fil,

Be so perfidious... he, whom next thyself
Of all the world I loved, and to him put
70 The manage of my state, as at that time
Through all the signories it was the first,
And Prospero, the prime duke, being so reputed
In dignity—and for the liberal arts,
Without a parallel; those being all my study,
The government I cast upon my brother,
And to my state grew stranger, being transported
And rapt in secret studies.   Thy false uncle—
Dost thou attend me?

MIRANDA [*recalling her eyes
from the sea*]

Sir, most heedfully.

PROSPERO

Being once perfected how to grant suits,
80 How to deny them: who t'advance, and who
To trash for over-topping; new created
The creatures that were mine, I say, or changed 'em,
Or else new formed 'em; having both the key
Of officer and office, set all hearts i'th' state
To what tune pleased his ear, that now he was
The ivy which had hid my princely trunk,
And sucked my verdure out on't: Thou attend'st not!

MIRANDA [*guiltily*]

O good sir, I do.

PROSPERO

I pray thee mark me...
I thus neglecting worldly ends, all dedicated
90 To closeness, and the bettering of my mind

Un frère avoir montré pareille perfidie !
Lui qu'après toi j'aimais le plus au monde, à qui
J'avais confié mon État, lors la première
D'entre les seigneuries, tout comme Prospéro
Était premier d'entre les ducs pour la noblesse
Ainsi que sans rival dans les arts libéraux —
Auxquels arts m'adonnant tout entier et mon frère
Gouvernant en mon lieu, je devins étranger
A mon duché, ravi, absorbé que j'étais
Dans l'occulte science. Ton oncle félon —
M'écoutes-tu ?

MIRANDA

Je suis tout oreilles, monsieur.

PROSPÉRO

Passé maître dans l'art d'agréer les suppliques
Ou de les repousser, promouvant celui-ci,
Ralentissant le train trop vif de celui-là,
Il s'avisa de recréer mes créatures,
Qu'il changea ou pétrit à neuf ; ayant la clef
De l'officier comme aussi celle de l'office,
Il eut vite accordé tous les cœurs de l'État
A l'air qui complaisait à son oreille ; en sorte
Qu'enfouissant mon tronc princier sous son lierre,
Il en draina la sève... Tu n'écoutes pas !

MIRANDA

Oh ! si, mon bon seigneur.

PROSPÉRO

                    Suis-moi bien, je te prie.
Comme je négligeais ainsi les fins mondaines
Pour tout entier me consacrer à la retraite
Ainsi qu'au perfectionnement de mon esprit

With that which, but by being so retired,
O'er-prized all popular rate... in my false brother
Awaked an evil nature, and my trust,
Like a good parent, did beget of him
A falsehood in its contrary, as great
As my trust was, which had indeed no limit,
A confidence sans bound... He, being thus lorded,
Not only with what my revénue yielded,
But what my power might else exact... like one,
100 Who having into truth, by telling of it
Made such a sinner of his memory
To credit his own lie, he did believe
He was indeed the duke, out o'th' substitution
And executing th'outward face of royalty
With all prerogative: Hence his ambition growing...
Dost thou hear?

MIRANDA

Your tale, sir, would cure deafness.

PROSPERO

To have no screen between this part he played
And him he played it for, he needs will be
Absolute Milan—me (poor man) my library
110 Was dukedom large enough: of temporal royalties
He thinks me now incapable... confederates
(So dry he was for sway) with' King of Naples
To give him annual tribute, do him homage,
Subject his 'coronet' to his 'crown,' and bend
The dukedom yet unbowed (alas, poor Milan!)
To most ignoble stooping.

MIRANDA

O the heavens...

Par cette discipline, trop recluse certes,
Mais surpassant tout ce que prise le vulgaire,
J'éveillai chez mon frère un coupable penchant,
Ma confiance engendrant chez lui tel un bon père
Une traîtrise égale, encore qu'elle fût
Contraire en sa nature à ladite confiance,
Qui n'avait point de borne en vérité, étant
Une foi sans limite. Or lui, se voyant maître
Et du fruit de mes revenus et de ce que
Ma puissance pouvait exiger par ailleurs,
En homme qui finit, à force de fourber,
Par trahir sa mémoire aussi pour étayer
Son mensonge, il se crut réellement le Duc
Pour ce qu'étant mon substitut il arborait
Tous les dehors d'un prince et ses prérogatives.
Son ambition croissant de ce fait... m'entends-tu ?

MIRANDA

Votre récit, monsieur, guérirait une sourde.

PROSPÉRO

Afin de n'avoir plus d'écran entre lui-même
Et le personnage qu'il jouait, il devait être
Milan de manière absolue ; pour moi, pauvre homme,
Ma librairie m'était un assez grand duché.
Dès lors, me jugeant incapable de régner,
Il lie partie, tant il avait soif d'être maître,
Avec Naples, au prix de devoir à son prince
Verser tribut et rendre hommage, soumettant
Sa couronne de duc au royal diadème
Et ployant un duché jamais humilié
— Hélas, pauvre Milan ! — dans la plus dégradante
Prosternation.

MIRANDA

O ciel !

PROSPERO

Mark his condition, and th'event, then tell me,
If this might be a brother.

MIRANDA

                                    I should sin
To think but nobly of my grandmother,
120 Good wombs have born bad sons.

PROSPERO

                                        Now the condition. . .
This King of Naples, being an enemy
To me inveterate, hearkens my brother's suit,
Which was, that he in lieu o'th' premises
Of homage, and I know not how much tribute,
Should presently extirpate me and mine
Out of the dukedom, and confer fair Milan,
With all the honours, on my brother: Whereon,
A treacherous army levied, one midnight,
Fated to th' purpose, did Antonio open
130 The gates of Milan, and i'th' dead of darkness
The ministers for th' purpose hurried thence
Me—and thy crying self.

MIRANDA [*her tears falling again*]

                                    Alack, for pity:
I not remembering how I cried out then
Will cry it o'er again: it is a hint
That wrings mine eyes tot't.

PROSPERO

                                    Hear a little further
And then I'll bring thee to the present business
Which now's upon us: without the which, this story
Were most impertinent.

PROSPÉRO

Note bien cette clause,
Ce qu'elle entraîne, et puis dis-moi si pareil homme
Pouvait être mon frère.

MIRANDA

Ce serait pécher
Que de médire aucunement de ma grand-mère :
De vertueux flancs ont porté de méchants fils.

PROSPÉRO

La clause donc : ce roi de Naples, qui était
Mon ennemi invétéré, prête l'oreille
A la requête de mon frère qui voulait
Qu'en échange dudit tribut — quel, je l'ignore —
Et de l'hommage à lui rendu, il m'extirpât
Incontinent de mon duché avec les miens
Pour conférer Milan la belle et ses honneurs
A mon frère. Sur quoi une troupe félonne
Fut levée, puis au cœur d'une certaine nuit
Fixée pour ce dessein, Antonio ouvrit
Les portes de la ville, et des hommes de main
Nous entraînèrent au dehors dans les ténèbres,
Moi-même et toi qui sanglotais.

MIRANDA

Quelle tristesse !
Je ne me souviens plus de mes larmes d'alors,
Mais je les veux verser derechef : pareil thème
Fait violence à mes yeux.

PROSPÉRO

Laisse-moi t'en apprendre
Un peu plus long, avant d'en venir à l'affaire
Qui nous occupe maintenant et sans laquelle
Cette histoire serait hors de saison.

MIRANDA

                    Wherefore did they not
That hour destroy us?

PROSPERO

                    Well demanded, wench:
140 My tale provokes that question... Dear, they durst
                                                    [not,
So dear the love my people bore me: nor set
A mark so bloody on the business; but
With colours fairer painted their foul ends...

                              [*he falters and proceeds swiftly.*

In few, they hurried us aboard a bark,
Bore us some leagues to sea, where they prepared
A rotten carcass of a butt, not rigged,
Nor tackle, sail, nor mast, the very rats
Instinctively have quit it: There they hoist us
To cry to th' sea, that roared to us; to sigh
150 To th' winds, whose pity sighing back again
Did us but loving wrong.

MIRANDA

                              Alack, what trouble
Was I then to you!

PROSPERO

                    O, a cherubin
Thou wast that did preserve me; thou didst smile,
Infuséd with a fortitude from heaven—
When I have decked the sea with drops full salt,
Under my burden groaned—which raised in me
An undergoing stomach, to bear up
Against what should ensue.

MIRANDA

                              How came we ashore?

MIRANDA

                        Pourquoi
Omirent-ils de nous mettre à mort sur-le-champ ?

PROSPÉRO

Sage question, ma fille : mon récit l'appelle.
C'est qu'ils n'osèrent point, mignonne, tant mon
                                        [peuple
M'aimait. Bref, s'abstenant d'imprimer sur l'affaire
Une marque sanglante, et de belles couleurs
Fardant leur détestable fin, ils nous jetèrent
Dans une barque et nous emmenèrent au large,
Ayant à quelques lieues du rivage apprêté
Une carcasse vermoulue, un vrai baquet
Sans voilure, gréement ni mâts, que les rats mêmes
Avaient quitté d'instinct. Là donc ils nous laissèrent
A pleurer vers les flots hurleurs et soupirer
A l'adresse des vents qui, de pitié, aussi
Soupiraient, ne nous malmenant qu'avec douceur.

MIRANDA

Ah ! quel tourment je fus pour vous !

PROSPÉRO

                          Tu fus un ange
Qui me gardas. Imbue d'un céleste courage
Tu souriais, tandis que j'ajoutais encore
A l'océan par la saumure de mes larmes
En gémissant sous mon fardeau, et ce sourire
Me donna patience et cœur pour endurer
Ce qui suivrait.

MIRANDA

      Comment gagnâmes-nous la rive ?

PROSPERO

By Providence divine...
160 Some food we had, and some fresh water, that
A noble Neapolitan, Gonzalo,
Out of his charity, who being then appointed
Master of this design, did give us, with
Rich garments, linens, stuffs, and necessaries,
Which since have steaded much.   So of his gentle-
                                                               [ness,
Knowing I loved my books, he furnished me
From mine own library with volumes, that
I prize above my dukedom.

MIRANDA

                                             Would I might
But ever see that man.

PROSPERO

                                         Now I arise,
170 Sit still, and hear the last of our sea-sorrow...
                                              [*he resumes his mantle.*

Here in this island we arrived, and here
Have I, thy schoolmaster, made thee more profit
Than other princes can, that have more time
For vainer hours—and tutors not so careful.

MIRANDA

Heaven thank you for't... [*she kisses him*] And now I
                                                [pray you sir—
For still 'tis beating in my mind—your reason
For raising this sea-storm?

PROSPERO

                                          Know thus far forth.
By accident most strange, bountiful Fortune—

PROSPÉRO

Par la grâce de la divine Providence.
Nous avions quelque nourriture et quelque eau douce
Qu'un seigneur napolitain nommé Gonzalo,
Qu'on avait désigné pour diriger l'affaire,
Nous octroya par charité, avec du linge,
De riches vêtements et d'utiles objets
Qui nous furent de grand secours ; pareillement,
Dans sa bonté, sachant combien j'aimais mes livres,
Il préleva pour moi sur ma bibliothèque
Des volumes auxquels j'attache plus de prix
Qu'à mon duché.

MIRANDA

Ah ! puissé-je un jour voir cet
[homme !

PROSPÉRO

Maintenant je me lève. Reste assise. Écoute
Quelle a été la fin de nos peines marines.

Il remet son manteau.

Nous parvînmes ici, dans cette île, où dès lors
Je me fis ton maître d'école et t'en appris
Plus long que n'en peuvent savoir d'autres princesses
Qui ont des maîtres moins zélés et plus de temps
Pour les frivolités.

MIRANDA

Le ciel vous récompense !
Mais je vous prie, monsieur, dites-moi la raison
— Car j'en suis encore inquiète — qui vous fit
Soulever la tempête.

PROSPÉRO

Sache seulement
Que par un accident bizarre, la Fortune,

Now my dear lady—hath mine enemies
180 Brought to this shore: and by my prescience
I find my zenith doth depend upon
A most auspicious star, whose influence
If now I court not, but omit, my fortunes
Will ever after droop: Here cease more questions.
Thou art inclined to sleep... [*at a pass of his hands, her
eyes close and presently she sleeps*] 'tis a good dulness,
And give it way... I know thou canst not choose...

He traces a magic circle on the grass.

Come away, servant, come; I am ready now,
Approach my Ariel... [*he lifts his staff*] Come!

Ariel appears aloft.

ARIEL

All hail, great master, grave sir, hail: I come
190 To answer thy best pleasure; be't to fly,
To swim, to dive into the fire... to ride
On the curled clouds... [*alighting and bowing*] to thy
                                              [strong bidding, task
Ariel, and all his quality.

PROSPERO

                              Hast thou, spirit,
Performed to point the tempest that I bade thee?

ARIEL

To every article...
I boarded the king's ship: now on the beak,
Now in the waist, the deck, in every cabin,
I flamed amazement.   Sometime I'ld divide
And burn in many places; on the topmast,
200 The yards and boresprit, would I flame distinctly,
Then meet, and join...   Jove's lightnings, the precur-
                                              [sors
O'th' dreadful thunder-claps, more momentary
And sight-outrunning were not; the fire and cracks

Ma chère protectrice à cette heure, a jeté
Mes ennemis sur ce rivage ; or ma science
Prédit à mon zénith un astre très propice,
Mais qui, si j'omettais d'en tirer avantage,
Ferait, et pour toujours, décliner mon destin.
Borne ici tes questions. Tu as sommeil. C'est là
Une bonne langueur, à laquelle tu dois
T'abandonner. Je sais qu'elle passe tes forces.

Miranda s'endort.
Prospéro décrit un cercle magique.

Accours, accours, mon serviteur, me voici prêt.
Approche, mon Ariel. Viens !

Paraît Ariel.

ARIEL

Salut à mon noble seigneur ! Salut, grand maître !
Je viens faire ton bon plaisir. Me faudra-t-il
Voler, nager, plonger dans le feu, chevaucher
Les nues frisées ? A tes ordres irrésistibles,
Soumets Ariel et tous ses dons[4].

PROSPÉRO

Esprit, as-tu exécuté de point en point
La tempête dont je t'avais donné la charge ?

ARIEL

Par le menu. Abordant le vaisseau du roi,
J'ai, tantôt à la proue et tantôt sur le pont,
Tantôt aux passavants et dans chaque cabine
Ardé d'un feu stupéfiant. Me divisant,
J'allumais un peu partout des flammes distinctes,
Brûlant au mât de hune, au beaupré comme aux
[vergues,
Puis je me rassemblais, ne faisant qu'un. Les foudres
De Jupin, précurseurs des effarants tonnerres,
Ne sont pas plus instantanées ni ne devancent
Mieux le regard. Le feu et le fracas grondeur

Of sulphurous roaring the most mighty Neptune
Seem to besiege, and make his bold waves tremble,
Yea, his dread trident shake.

PROSPERO

My brave spirit,
Who was so firm, so constant, that this coil
Would not infect his reason?

ARIEL

Not a soul
But felt a fever of the mad, and played
210 Some tricks of desperation; all but mariners
Plunged in the foaming brine, and quit the vessel;
Then all afire with me the king's son, Ferdinand,
With hair up-staring—then like reeds, not hair—
Was the first man that leaped; cried, 'Hell is empty,
And all the devils are here.'

PROSPERO

Why, that's my spirit:
But was not this nigh shore?

ARIEL

Close by, my master.

PROSPERO [anxious]

But are they, Ariel, safe?

ARIEL

Not a hair perished:
On their sustaining garments not a blemish,

Du soufre assiégeaient, eût-on dit, Neptune roi,
Oui, semblaient faire tressaillir ses flots hardis
Et jusqu'à son trident terrible.

PROSPÉRO

                    Brave esprit !
Qui, dans pareil chaos, eut le cœur assez ferme
Pour garder sa raison intacte ?

ARIEL

                    Pas une âme
Qui, saisie d'une fièvre insane, ne commît
Quelque folie désespérée. Hors les marins,
Chacun plongea dans l'onde écumante pour fuir
Le vaisseau. Incendié de mes feux, Ferdinand,
Le fils du roi, les cheveux dressés sur sa tête
Tels des roseaux, fut le premier qui fit le saut
En s'écriant : « L'Enfer est vide de ses diables :
Tous sont ici ! »

PROSPÉRO

                    Ah ! voilà bien mon brave esprit !
Et c'était tout près de la côte ?

ARIEL

                    Tout près, maître.

PROSPÉRO

Mais, Ariel, sont-ils saufs ?

ARIEL

                    Pas un cheveu en moins.
Sur les habits qui les portaient [5], pas une tache :

But fresher than before: and, as thou badst me,
220 In troops I have dispersed them 'bout the isle:
The king's son have I landed by himself,
Whom I left cooling of the air with sighs,
In an odd angle of the isle, and sitting,
His arms in this sad knot.

[*mimics.*

PROSPERO

Of the king's ship,
The mariners, say, how thou hast disposed,
And all the rest o'th' fleet?

ARIEL

Safely in harbour
Is the king's ship, in the deep nook, where once
Thou call'dst me up at midnight to fetch dew
From the still-vexed Bermoothes, there she's hid;
230 The mariners all under hatches stowed,
Who, with a charm joined to their suffred labour,
I have left asleep: and for the rest o'th' fleet,
Which I dispersed, they all have met again,
And are upon the Mediterranean flote
Bound sadly home for Naples,
Supposing that they saw the king's ship wracked,
And his great person perish.

PROSPERO

Ariel, thy charge
Exactly is performed; but there's more work:
What is the time o'th' day?

ARIEL

Past the mid season.

Ils sont même plus frais que devant. J'ai, selon
Tes ordres, dispersé les naufragés dans l'île
Par petits groupes, excepté le fils du roi
Que j'ai fait aborder tout seul, pour le laisser
Assis dans un recoin perdu, éventant l'air
De soupirs et les bras formant ce triste nœud.

Il le mime.

PROSPÉRO

Et du vaisseau du roi, de ses marins, du reste
De la flotte aussi, qu'as-tu fait ?

ARIEL

                           En sûreté
Dans cette anse profonde où un jour, à minuit
Tu m'évoquas pour t'aller quérir la rosée
Des Bermudes toujours troublées par les orages,
Est blotti le royal navire. J'ai laissé
Ses marins sous les écoutilles, assoupis
Par la vertu de la fatigue aidée d'un charme.
Quant aux navires que j'avais éparpillés,
Ils voguent, tous ralliés, en Méditerranée,
Et cinglent tristement vers Naples, convaincus
Qu'ils ont vu le vaisseau du roi faire naufrage
Et s'abîmer Sa Majesté.

PROSPÉRO

                           Tu as rempli
Ta mission, Ariel, avec exactitude.
Mais il reste de la besogne. Où la journée
En est-elle ?

ARIEL

    Passé midi.

PROSPERO [*glancing at the sun*]

240 At least two glasses... The time twixt six and now,
Must by us both be spent most preciously.

ARIEL [*mutinous*]

Is there more toil? Since thou dost give me pains,
Let me remember thee what thou hast promised,
Which is not yet performed me.

PROSPERO

How now? moody?
What is't thou canst demand?

ARIEL

My liberty.

PROSPERO

Before the time be out? no more...

[*lifting his staff.*

ARIEL

I prithee,
Remember I have done thee worthy service,
Told thee no lies, made no mistakings, served
Without or grudge or grumblings; thou didst promise
250 To bate me a full year.

PROSPERO

Dost thou forget
From what a torment I did free thee?

ARIEL

No.

PROSPÉRO, *regardant le soleil.*

Oui, et d'au moins
Deux sabliers. Or nous devons d'ici six heures
Tirer un fructueux parti de notre temps.

ARIEL

Encore du travail ? Si tu me fais peiner,
Laisse-moi te remettre en tête la promesse
Que tu m'as faite et qui n'est toujours pas tenue.

PROSPÉRO

Quoi ! Mécontent ? Que peux-tu donc revendiquer ?

ARIEL

Ma liberté.

PROSPÉRO

Avant le terme ? Assez !

ARIEL

De grâce,
Rappelle-toi comme dûment je t'ai servi,
Sans menteries aucunes ni bévues, sans plaintes
Ni murmures, ce pourquoi tu m'avais promis
De me rabattre tout un an.

PROSPÉRO

Oublies-tu donc
De quel tourment je t'ai sauvé ?

ARIEL

Non.

PROSPERO

Thou dost: and think'st it much to tread the ooze
Of the salt deep,
To run upon the sharp wind of the north,
To do me business in the veins o'th'earth
When it is baked with frost.

ARIEL

I do not sir.

PROSPERO

Thou liest, malignant thing: hast thou forgot
The foul witch Sycorax, who with age and envy
Was grown into a hoop? hast thou forgot her?

ARIEL

260 No sir.

PROSPERO

Thou hast: Where was she born? speak: tell me...

ARIEL

Sir, in Argier.

PROSPERO

O, was she so: I must
Once in a month recount what thou hast been,
Which thou forget'st... This damned witch, Sy-
                                          [corax,
For mischiefs manifold, and sorceries terrible
To enter human hearing, from Argier
Thou know'st was banished: for one thing she did
They would not take her life... Is not this true?

PROSPÉRO

Tu l'oublies !
Et tu fais grand merveille de courir la vase
Des profondeurs amères,
De fendre l'air porté sur l'âpre vent du nord
Ou d'opérer dans les veinules de la terre
Quand le gel l'a durcie.

ARIEL

Non pas, seigneur.

PROSPÉRO

Tu mens,
Perverse créature ! Oublies-tu la hideuse
Sorcière Sycorax [6], qu'âge et malignité
Ployaient en cerceau ? Dis, l'oublies-tu ?

ARIEL

Non, seigneur.

PROSPÉRO

Tu l'oublies ! Allons, parle, où était-elle née ?

ARIEL

En Alger, maître.

PROSPÉRO

Ah ! vraiment ? Je dois chaque mois
Te rappeler ce que tu fus, car tu l'oublies.
Or donc, cette damnée sorcière Sycorax,
Pour des méfaits innombrables, des sortilèges
Qui glaceraient l'oreille humaine, fut bannie
D'Alger, comme tu sais, car on ne voulut point,
Eu égard à une chose qu'elle avait faite,
Lui enlever la vie. Est-ce pas vrai ?

ARIEL

270 Ay, sir.

PROSPERO

This blew-eyed hag was hither brought with child,
And here was left by th' sailors; thou, my slave,
As thou report'st thyself, wast then her servant,
And for thou wast a spirit too delicate
To act her earthy and abhorred commands,
Refusing her grand hests, she did confine thee,
By help of her more potent ministers,
And in her most unmitigable rage,
Into a cloven pine—within which rift
Imprisoned, thou didst painfully remain
280 A dozen years: within which space she died,
And left thee there: where thou didst vent thy groans,
As fast as mill-wheels strike: Then was this island,
(Save for the son that she did litter here,
A freckled whelp, hag-born) not honoured with
A human shape.

ARIEL

Yes: Caliban her son.

PROSPERO

Dull thing, I say so: he, that Caliban
Whom now I keep in service.   Thou best know'st
What torment I did find thee in; thy groans
Did make wolves howl, and penetrate the breasts
290 Of ever-angry bears; it was a torment
To lay upon the damned, which Sycorax
Could not again undo: it was mine art,
When I arrived, and heard thee, that made gape
The pine, and let thee out.

ARIEL

I thank thee, master.

ARIEL

Si, maître.

PROSPÉRO

Cette sorcière à l'œil vitreux fut, étant grosse,
Amenée, puis laissée ici par des marins,
Et en ce temps, toi qui te prétends mon esclave,
Tu la servais ; mais en esprit trop délicat
Pour seconder ses fins basses et détestables,
Tu éludas ses ordres majeurs ; sur quoi, elle,
Émue d'une colère implacable, avec l'aide
De ses puissants auxiliaires, te confina
Dans un pin éclaté, en la fente duquel
Tu demeuras pour ta souffrance emprisonné
Douze ans durant ; ensuite elle vint à mourir,
Te laissant là, et tu poussais plainte sur plainte,
Plus drument que ne bat roue de moulin. Cette île
— Hormis le fils qu'elle y mit bas, un petit fauve
A taches rousses, vraie semence de sorcière —
N'avait pour l'honorer nulle présence humaine.

ARIEL

Hors Caliban, son fils.

PROSPÉRO

Sot ! c'est ce que je dis :
Ce même Caliban, qui maintenant me sert.
En quel tourment je t'ai trouvé, mieux que personne
Tu le sais ; car tes cris faisaient hurler les loups
Et transperçaient le cœur irascible des ours.
Ce tourment de damné, désormais Sycorax
Ne pouvait plus le délier : ce fut mon art,
Quand je survins et j'entendis, qui fit bâiller
Le pin et t'élargit.

ARIEL

Je te rends grâces, maître.

PROSPERO

If thou more murmur'st, I will rend an oak,
And peg thee in his knotty entrails, till
Thou hast howled away twelve winters.

ARIEL

Pardon, master.
I will be correspondent to command,
And do my spriting gently.

PROSPERO

Do so: and after two days
300 I will discharge thee.

ARIEL

That's my noble master:
What shall I do? say what? what shall I do?

PROSPERO

Go make thyself life a nymph o'th' sea, be subject
To no sight but thine and mine; invisible
To every eye-ball else: go take this shape,
And hither come in't... go... hence
With diligence.

[*Ariel vanishes. Prospero stoops over Miranda.*

Awake, dear heart, awake, thou hast slept well,
Awake.

MIRANDA

The strangeness of your story put
Heaviness in me.

PROSPERO

Shake it off... Come on,

PROSPÉRO

Si tu murmures à nouveau, je fends un chêne
Et te coince dedans ses entrailles noueuses
Pour t'y laisser hurler douze hivers.

ARIEL

                          Pardon, maître.
Je veux être docile à tes injonctions
Et faire gentiment mon métier d'esprit.

PROSPÉRO

Si tu dis vrai, passé deux jours je te libère.

ARIEL

Vive mon noble maître !
Que dois-je faire ? Dis vite. Que dois-je faire ?

PROSPÉRO

Prends les traits d'une nymphe marine ; mais sois
Invisible pour tout regard, hors pour le mien
Et le tien ; prends cette apparence et t'en reviens.
Allons, va-t'en, fais vite.

Ariel disparaît.

                  Éveille-toi, mon cœur,
Éveille-toi ; tu as dormi profondément ;
Éveille-toi.

MIRANDA

        L'étrangeté de votre histoire
M'a engourdie.

PROSPÉRO

      Secoue cette torpeur et viens :

310 We'll visit Caliban, my slave, who never
Yields us kind answer.

[*they approach a hole in the rock.*

MIRANDA

'Tis a villain, sir,
I do not love to look on.

PROSPERO

But, as 'tis,
We cannot miss him: he does make our fire,
Fetch in our wood, and serves in offices
That profit us... [*calling*] What ho! slave! Caliban!
Thou earth, thou! speak.

CALIBAN [*from the hole*]

There's wood enough within.

PROSPERO

Come forth, I say, there's other business for thee:
Come, thou tortoise, when?

Ariel reappears, 'like a water-nymph'.

Fine apparition: my quaint Ariel,
320 Hark in thine ear.

[*whispers.*

ARIEL

My lord, it shall be done.

[*vanishes.*

PROSPERO [*to Caliban*]

Thou poisonous slave, got by the devil himself
Upon thy wicked dam; come forth.

Caliban comes from the hole, munching.

Nous irons voir tous deux Caliban, mon esclave,
Qui n'eut jamais pour nous d'aimable repartie.

Ils s'approchent d'un trou rocheux.

MIRANDA

Je n'aime pas à regarder ce misérable.

PROSPÉRO

Mais, tel qu'il est, comment ferions-nous sans lui ?
Il allume notre feu, rentre notre bois
Et vaque à d'utiles besognes. Caliban !
Hola, esclave ! Eh bien, répondras-tu, limon ?

CALIBAN, *du trou.*

Il y a tout le bois qu'il faut à la maison.

PROSPÉRO

Sors de là, dis-je. Une autre besogne t'attend.
Viens, tortue que tu es ! Te décideras-tu ?

Ariel reparaît ' en nymphe des eaux '.

La belle apparition ! Mon gracieux Ariel,
Un mot tout bas.

ARIEL

Seigneur, la chose sera faite.

Il disparaît.

PROSPÉRO

Sors, venimeux esclave engendré par le diable
Avec ta malfaisante mère, sors de là !

Caliban paraît, sortant du trou.

CALIBAN

As wicked dew as e'er my mother brushed
With raven's feather from unwholesome fen
Drop on you both: a south-west blow on ye,
And blister you all o'er!

PROSPERO

For this, be sure, to-night thou shalt have cramps,
Side-stitches that shall pen thy breath up—urchins
Shall, for that vast of night that they may work,
330   All exercise on thee: thou shalt be pinched
As thick as honeycomb, each pinch more stinging
Than bees that made 'em.

CALIBAN [*snarling*]

                              I must eat my dinner...
This island's mine, by Sycorax my mother,
Which thou tak'st from me: when thou camest first,
Thou strok'st me, and made much of me... wouldst
                                          [give me
Water with berries in't... and teach me how
To name the bigger light, and how the less,
That burn by day and night: and then I loved thee,
And showed thee all the qualities o'th'isle,
340   The fresh springs, brine-pits, barren place and fertile.
Curséd be I that did so... All the charms
Of Sycorax: toads, beetles, bats, light on you!
For I am all the subjects that you have,
Which first was mine own king: and here you sty me
In this hard rock, whiles you do keep from me
The rest o'th'island.

PROSPERO

                    Thou most lying slave,
Whom stripes may move, not kindness: I have used
                                          [thee—

CALIBAN

Qu'une rosée aussi maligne que jamais.
Ma mère en écuma d'un penne de corbeau
Sur les bourbiers malsains, vous imprègne ! Tous
                                                    [deux,
Que le suroît vous empustule !

PROSPÉRO

                                Pour ceci
Tu auras cette nuit des crampes, sois-en sûr,
Et des points de côté à te couper le souffle.
Les lutins, ce long temps de la nuit qui est leur,
S'acharneront tous après toi pour te cribler
De pinçons plus cuisants que le dard des abeilles
Et plus drus que rayons de miel !

CALIBAN

                                Et mon dîner ?
De par ma mère Sycorax, elle est à moi
Cette île que tu m'as prise. Pour commencer,
Quand tu es arrivé ici, tu me flattais
Et tu faisais grand cas de moi ; tu me donnais
De l'eau avec des baies dedans ; tu m'apprenais
A nommer la grande lumière et la petite
Qui brûlent le jour et la nuit ; moi, je t'aimais
Alors, je te montrais les ressources de l'île,
Eaux douces, puits salés, lieux ingrats, lieux fertiles.
Maudit sois-je pour l'avoir fait ! Que tous les charmes
De Sycorax, chauves-souris, crapauds, cafards,
Pleuvent sur vous ! Je suis votre unique sujet,
Moi qui étais mon propre roi, et maintenant
Vous me donnez pour bauge ce rude rocher,
M'interdisant tout le reste de l'île.

PROSPÉRO

                                Esclave
Archi-menteur, qu'émeut le fouet, non la bonté !

Filth as thou art!—with human care, and lodged thee
In mine own cell, till thou didst seek to violate
350 The honour of my child.

CALIBAN

O ho, O ho! would't had been done!
Thou didst prevent me—I had peopled else
This isle with Calibans.

MIRANDA

                                        Abhorréd slave,
Which any print of goodness will not take,
Being capable of all ill: I pitied thee,
Took pains to make thee speak, taught thee each hour
One thing or other: when thou didst not—savage!—
Know thine own meaning, but wouldst gabble like
A thing most brutish, I endowed thy purposes
360 With words that made them known... But thy vile
                                                                    [race,
Though thou didst learn, had that in't which good
                                                                [natures
Could not abide to be with: therefore wast thou
Deservedly confined into this rock,
Who hadst deserved more than a prison.

CALIBAN

You taught me language, and my profit on't
Is, I know how to curse: the red-plague rid you,
For learning me your language.

PROSPERO

                                        Hag-seed, hence...
Fetch us in fuel, and be quick thou'rt best
To answer other business: Shrug'st thou, malice?
370 If thou neglect'st, or dost unwillingly
What I command, I'll rack thee with old cramps,

Tout immondice que tu sois, je t'ai traité
Humainement, et je t'ai logé dans ma grotte
Jusqu'au jour où tu as tenté de violer
L'honneur de mon enfant.

CALIBAN

　　　　　Ho ho ho ! quel dommage
Que j'aie manqué mon coup ! Tu m'en as empêché,
Autrement je peuplais l'île de Calibans.

MIRANDA [7]

Esclave détesté, à tout bien réfractaire,
De tout mal, susceptible j'eus pitié de toi,
Je pris la peine de t'apprendre à t'exprimer,
De t'enseigner à toute heure une chose ou l'autre.
Alors que toi-même ne savais pas, sauvage,
Ce que tu voulais dire, et que tu jacassais
Comme une brute, j'ai fourni à tes désirs
Des vocables pour les nommer. Ta vile race,
Cependant, bien que tu apprisses, recélait
Quelque chose d'odieux pour des natures droites
Et tu fus justement confiné dans ce roc,
Quoique tu eusses mérité pis que prison.

CALIBAN

Tu m'as enseigné le langage, et le profit
Qui m'en revient, c'est de savoir comme on maudit.
Que t'emporte la peste rouge pour m'avoir
Appris ta langue !

PROSPÉRO

　　　　　Va, semence de sorcière,
Va nous quérir du bois, et lestement, afin
D'être prêt pour un autre ouvrage. Tu renâcles,
Malice ? Avise-toi de traînasser ou bien
De bouder mes ordres, je te torturerai

Fill all thy bones with achës, make thee roar,
That beasts shall tremble at thy din.

CALIBAN [*cowering*]

                              No, pray thee...
I must obey—his art is of such power,

                              [*growls to himself.*

It would control my dam's god Setebos,
And make a vassal of him.

PROSPERO

                    So, slave, hence!

[*Caliban slinks away.   Prospero and Miranda
        withdraw a little within the cave.
Music heard: Ariel 'invisible, playing and sing-
    ing'; Ferdinand following down the cliff path.*

ARIEL'S *song*

Come unto these yellow sands,
        And then take hands:
Curtsied when you have, and kissed—
        The wild waves whist:
Foot it featly here and there,
And sweet sprites bear
        The burthen...   Hark!
        Hark!

'BURTHEN DISPERSEDLY'

Bow-wow!

ARIEL

The watch-dogs bark:

BURTHEN

Bow-wow!

De crampes séniles, je criblerai tes os
De douleurs, et tu rugiras de telle sorte
Que les fauves en trembleront.

CALIBAN

Non, je t'en prie !
(*à part*) Il faut obéir, car son art est si puissant
Que du dieu de ma mère, de Sétébos[8] même,
Il ferait son vassal.

PROSPÉRO

Il suffit. Va, esclave !

Sort Caliban.
Musique. Ariel 'invisible, jouant et chantant' ;
paraît Ferdinand.

CHANT D'ARIEL

Venez par les sables d'or
Et nouez la ronde.
Par vos saluts, vos baisers
La mer est calmée.
Hop, hop, gentils esprits, hop,
Puis tous en chœur ! — Écoutez !

VOIX ÉPARSES

Oua, oua, oua !

ARIEL

C'est l'aboi des chiens de garde !

LES VOIX

Oua, oua, oua !

ARIEL

Hark, hark, I hear
The strain of strutting chanticleer
390   Cry—

BURTHEN

Cockadiddle-dow!

FERDINAND

Where should this music be? i'th'air, or th'earth?
It sounds no more: and sure it waits upon
Some god o'th'island.   Sitting on a bank,
Weeping again the king my father's wrack...
This music crept by me upon the waters,
Allaying both their fury and my passion
With its sweet air: thence I have followed it—
Or it hath drawn me rather.   But 'tis gone...
400   No, it begins again.

ARIEL'S *song*

Full fathom five thy father lies,
   Of his bones are coral made:
Those are pearls that were his eyes.
   Nothing of him that doth fade,
But doth suffer a sea-change
   Into something rich and strange...
Sea-nymphs hourly ring his knell.

BURTHEN

Ding-dong.

ARIEL

Hark! now I hear them—
410   Ding-dong bell.

ARIEL

Maintenant c'est Chantecler
— Écoutez ! — Qui fait le fier.

LES VOIX

Cocorico !

FERDINAND

D'où vient cette musique ? Des airs ? De la terre ?
Elle a cessé. Assurément elle accompagne
Quelque dieu de l'île. Comme j'étais assis,
Pleurant toujours le naufrage du roi mon père,
Cette musique a glissé vers moi sur les eaux,
Ses doux sons apaisant tout ensemble leur rage
Et ma douleur. Après cela je l'ai suivie,
Ou plutôt c'est elle qui m'a comme attiré,
Mais elle s'est tue... Ah, la voici qui reprend.

ARIEL, *chantant.*

Par cinq brasses sous les eaux
Ton père englouti sommeille :
De ses os naît le corail,
De ses yeux naissent les perles.
Rien chez lui de corruptible
Dont la mer ne vienne à faire
Quelque trésor insolite
Et les nymphes de la mer
Sonnent son glas d'heure en heure.

LES VOIX

Ding dong.

ARIEL

Écoutez ! Je les entends.

FERDINAND

The ditty does remember my drowned father.
This is no mortal business, nor no sound
That the earth owes: I hear it now above me.

PROSPERO [*leading Miranda from the cave*]

The fringéd curtains of thine eye advance,
And say what thou seest yond.

MIRANDA

                              What is't? a spirit?
Lord, how it looks about... Believe me, sir,
It carries a brave form... But 'tis a spirit.

PROSPERO

No wench, it eats and sleeps and hath such senses
As we have—such... This gallant which thou seest
420 Was in the wrack: and but he's something stained
With grief—that's beauty's canker [*touching her cheek*]
                                   [—thou mightst call him
A goodly person: he hath lost his fellows,
And strays about to find 'em.

MIRANDA [*moving forward,*
under the spell]

                              I might call him
A thing divine—for nothing natural
I ever saw so noble.

PROSPERO [*holding back*]

                      It goes on I see,
As my soul prompts it... Spirit, fine spirit, I'll free
                                                [thee
Within two days for this.

LES VOIX

Ding, dong, dang.

FERDINAND

La chanson commémore mon père noyé.
Ce n'est point œuvre de mortel, ni harmonie
Terrestre... La voici au-dessus de ma tête !

PROSPÉRO, *à Miranda.*

Soulève le rideau frangé de ta prunelle
Et dis ce que tu vois là-bas.

MIRANDA

                    Qu'est-ce ? Un esprit ?
Comme il regarde autour de lui ! En vérité,
Il a fière allure... Mais c'est un esprit.

PROSPÉRO

Non pas, petite, il mange, il dort, il a des sens
Pareils aux nôtres, tout pareils. C'est un galant
Émoulu du naufrage et, n'était que la peine,
Ce ver rongeur de la beauté, l'altère un brin,
Tu le qualifierais de belle créature :
Il a perdu ses compagnons et il les cherche.

MIRANDA

Je le qualifierais d'être divin : jamais
La nature ne m'a montré rien d'aussi noble.

PROSPÉRO

Allons, les choses vont selon mon cœur. Subtil
Esprit, pour avoir fait ceci, tu seras libre
D'ici deux jours.

FERDINAND [*as Miranda confronts him*]

                    Most sure, the goddess
On whom these airs attend...   Vouchsafe my prayer
May know if you remain upon this island,
430 And that you will some good instruction give
How I may bear me here...   My prime request,
Which I do last pronounce, is—O you wonder!—
If you be maid, or no?

MIRANDA

                   No wonder, sir,
But certainly a maid.

FERDINAND

                 My language? heavens...
I am the best of them that speak this speech,
Were I but where 'tis spoken.

PROSPERO [*advancing*]

                How? the best?
What wert thou if the King of Naples heard thee?

FERDINAND

A single thing, as I am now, that wonders
To hear thee speak of Naples...   He does hear me,
440 And that he does, I weep: myself am Naples,
Who with mine eyes—never since at ebb—beheld
The king my father wracked.

MIRANDA

                Alack, for mercy!

FERDINAND

Voici sans doute la déesse
Qu'escorte la musique... Daignez, je vous prie,
Me révéler si vous demeurez dans cette île
Et me donner de bons conseils sur la façon
De m'y conduire. Mais ma demande première
Bien que la dernière venue, c'est : ô merveille,
Êtes-vous fille ou non ?

MIRANDA

Merveille, non, monsieur,
Mais fille, assurément.

FERDINAND

Ma propre langue ! O ciel...
Je serais le premier, fussé-je où l'on la parle.

PROSPÉRO, *s'avançant.*

Que dis-tu ? Le premier ? Et que serais-tu donc
Si seulement le roi de Naples t'entendait ?

FERDINAND

Je ne ferais qu'un avec lui, moi qui m'étonne
Que tu parles du roi de Naples. Il m'entend
Et j'en pleure, car il n'est autre que moi-même,
Dont les yeux — sans reflux dès lors — ont vu, hélas,
Le roi mon père naufrager.

MIRANDA

Miséricorde !

FERDINAND

Yes, faith, and all his lords—the Duke of Milan
And his brave son being twain.

PROSPERO [*to himself*]

                                        The Duke of Milan
And his more braver daughter could control thee,
If now 'twere fit to do't... At the first sight
They have changed eyes... Delicate Ariel,
I'll set thee free for this... [*sternly*] A word, good sir.
I fear you have done yourself some wrong: a word.

MIRANDA

450 Why speaks my father so ungently?   This
Is the third man that e'er I saw... the first,
That e'er I sighed for: pity move my father
To be inclined my way.

FERDINAND

                                        O, if a virgin,
And your affection not gone forth, I'll make you
The queen of Naples.

PROSPERO

                                        Soft, sir, one word more...
They are both in either's power: but this swift business
I must uneasy make, lest too light winning
Make the prize light... One word more: I charge
                                                                [thee
That thou attend me: Thou dost here usurp
460 The name thou ow'st not—and·hast put thyself
Upon this island, as a spy, to win it
From me, the lord on't.

FERDINAND

Oui, sur ma foi, ainsi que tous ses gentilshommes,
Dont le duc de Milan avec son noble fils.

PROSPÉRO

Ha, le duc de Milan, avec sa noble fille,
Te démentiraient bien s'il était à propos.
Dès le premier regard ils ont troqué leurs cœurs.
Subtil Ariel, tu seras libre pour ta peine.
(A Ferdinand.) Un mot, beau sire, un mot, car vous
                                    [vous faites tort,
Je le crains.

MIRANDA

              Pourquoi donc mon père est-il si rude ?
Voici le troisième homme que j'aie jamais vu
Et le premier pour qui j'aie jamais soupiré.
Puisse mon père, ému de pitié, incliner
Comme je fais !

FERDINAND

              Ah ! si vous êtes une vierge
Et si vous n'avez point engagé votre cœur,
Je vous fais reine de Naples !

PROSPÉRO

                          Tout doux, monsieur.
Un mot encore. *(A part.)* Ils sont au pouvoir l'un de
                                    [l'autre.
L'affaire va grand train, mais je dois l'entraver :
Conquête trop aisée est bientôt méprisée[9].
(A Ferdinand.) Un mot encore. Je te somme de
                                    [m'écouter.
Tu usurpes un nom qui ne t'appartient pas
Et tu es venu sur cette île en espion
Pour me la dérober, à moi son maître.

FERDINAND

No, as I am a man.

MIRANDA

There's nothing ill can dwell in such a temple.
If the ill spirit have so fair a house,
Good things will strive to dwell with't.

PROSPERO [*imperatively to Ferdinand*]

Follow me...
[*to Miranda*] Speak not you for him: he's a traitor... [*to
[*Ferdinand*] Come,
I'll manacle thy neck and feet together:
Sea-water shalt thou drink: thy food shall be
The fresh-brook mussels, withered roots, and husks
470 Wherein the acorn cradled... Follow.

FERDINAND

No,
I will resist such entertainment, till
Mine enemy has more power.

['*he draws and is charmed from moving.*'

MIRANDA

O dear father,
Make not too rash a trial of him, for
He's gentle, and not fearful.

PROSPERO

What, I say,
My foot my tutor! Put thy sword up traitor,
Who mak'st a show, but dar'st not strike... thy
[conscience

FERDINAND

                            Non,
Aussi vrai que je suis un homme !

                    MIRANDA

                            Pareil temple
Ne saurait abriter le mal. Si la maison
Du Malin était aussi belle, la vertu
Y voudrait demeurer.

                    PROSPÉRO, *à Ferdinand.*

                    Suis-moi. (*A Miranda.*) Quant à
                                            [toi, cesse
De le défendre : c'est un traître. (*A Ferdinand.*) Viens,
                                            [je veux
T'enchaîner les deux pieds au cou : c'est l'eau de mer
Qui sera ton breuvage ; tu te nourriras
De moules de ruisseau, de racines flétries
Et des cupules dont le gland fait son berceau.
Suis-moi !

                    FERDINAND

              Non, je décline un pareil traitement
Tant que mon ennemi n'a pas forci.
                    ' *Il dégaine, mais reste immobile sous l'effet d'un*
                                            charme. '

                    MIRANDA

                            Cher père,
Ne soyez pas trop dur avec lui : c'est un être
Plein de douceur et nullement à craindre.

                    PROSPÉRO

                            Eh ! quoi,
Mon petit doigt voudrait me faire la leçon !
Rengaine ton épée, traître ; car tu fais mine
De frapper, mais tu n'oses, tant ta conscience

Is so possessed with guilt: come, from thy ward,
For I can here disarm thee with this stick,
And make thy weapon drop.

Ferdinand's sword falls from his hand.

MIRANDA [*plucking his mantle*]

Beseech you father.

PROSPERO

480   Hence: hang not on my garments.

MIRANDA

Sir, have pity,
I'll be his surety.

PROSPERO

Silence: one word more
Shall make me chide thee, if not hate thee: what,
An advocate for an impostor! [*as she weeps*] Hush:
Thou think'st there is no more such shapes as he,
Having seen but him and Caliban... Foolish wench,
To th' most of men, this is a Caliban,
And they to him are angels.

MIRANDA

My affections
Are then most humble: I have no ambition
To see a goodlier man.

PROSPERO [*to Ferdinand*]

Come on, obey:
490   Thy nerves are in their infancy again,
And have no vigour in them.

Se sait coupable. Allons, ne reste pas en garde :
De ce bâton, je puis faire tomber ton arme.

MIRANDA

Père, je vous supplie...

PROSPÉRO

                    Arrière ! Abstiens-toi
De te pendre à mes vêtements.

MIRANDA

                         Pitié, monsieur.
Je serai sa caution.

PROSPÉRO

                    Silence ! Un mot de plus
Et je me fâche, ou même je te prends en haine.
Te faire l'avocate d'un félon ! Tais-toi.
Tu crois qu'il est seul à être fait de la sorte
Pour n'avoir vu que lui et Caliban. Nigaude,
Ce n'est qu'un Caliban auprès des autres hommes,
Et eux, auprès de lui, sont des anges.

MIRANDA

                              C'est donc
Que mes affections sont des plus humbles, car
Je n'ai nulle ambition de voir un plus bel homme.

PROSPÉRO, *à Ferdinand.*

Viens, obéis : tes nerfs sont tombés en enfance
Et n'ont plus de vigueur.

FERDINAND

So they are:
My spirits, as in a dream, are all bound up...
My father's loss, the weakness which I feel,
The wrack of all my friends, nor this man's threats,
To whom I am subdued, are but light to me,
Might I but through my prison once a day
Behold this maid: all corners else o'th'earth
Let liberty make use of... space enough
Have I in such a prison

PROSPERO

It works... [to Ferdinand] Come on...
500 [to Ariel] Thou hast done well, fine Ariel... [to
[Ferdinand] Follow me.
[to Ariel] Hark what thou else shalt do me.

MIRANDA

Be of comfort,
My father's of a better nature, sir,
Than he appears by speech: this is unwonted
Which now came from him.

PROSPERO [to Ariel]

Thou shalt be as free
As mountain winds; but then exactly do
All points of my command.

ARIEL

To th' syllabe.

PROSPERO [turns again
to Ferdinand]

Come, follow: [to Miranda] speak not for him.

They enter the cave.

FERDINAND

> Il est vrai. Mes esprits
> Sont enchaînés comme il arrive dans les songes.
> La perte de mon père, en moi cette faiblesse,
> Le naufrage de mes amis et les menaces
> De cet homme qui m'asservit — tout m'est léger
> Pour peu que, de ma geôle, il me soit accordé
> De voir, fût-ce une fois le jour, cette pucelle.
> Règne la liberté sur le reste du monde :
> Pour moi je suis au large en pareille prison.

PROSPÉRO

> Le charme opère. (*A Ferdinand.*) Viens. (*A Ariel.*) Tu
> [as bien travaillé
> Mon bel Ariel. (*A Ferdinand.*) Suis-moi. (*A Ariel.*)
> Mais écoute : voici
> Ce que j'attends encor de toi.

MIRANDA, *à Ferdinand.*

> Prenez courage,
> Car mon père est meilleur, monsieur, que son discours
> Ne le donne à penser : de pareille attitude
> Il n'est pas coutumier.

PROSPÉRO, *à Ariel.*

> Tu seras aussi libre
> Que le vent des montagnes, mais fais point par point
> Ce que je t'ai prescrit.

ARIEL

> A la lettre.

PROSPÉRO, *à Ferdinand.*

> Suis-moi.
> (*A Miranda.*) Toi, pas un mot pour lui.

> *Ils disparaissent dans la grotte.*

ACTE II

[II, 1]

A forest glade in another part of the Island.

KING ALONSO *lies upon the turf, his face buried in the grass:* GONZALO, ADRIAN, FRANCISCO, *and others stand about him :* SEBASTIAN *and* ANTONIO *converse apart in low mocking tones.*

GONZALO

Beseech you, sir, be merry; you have cause,
So have we all, of joy; for our escape
Is much beyond our loss; our hint of woe
Is common—every day some sailor's wife,
The masters of some merchant, and the merchant,
Have just our theme of woe: But for the miracle—
I mean our preservation—few in millions
Can speak like us: then wisely, good sir, weigh
Our sorrow with our comfort.

ALONSO [*without looking up*]
                              Prithee, peace.

SCÈNE PREMIÈRE

Une autre partie de l'île.

LE ROI ALONSO, GONZALO, ADRIEN, FRANCISCO, SÉBAS-
TIEN *et* ANTONIO.

GONZALO

De grâce, un peu d'entrain, sire, car vous avez,
Comme nous tous, motif de joie : notre vie sauve
Compense largement nos pertes ; notre peine
Est commune : il n'est jour que femme de marin,
Que patron de vaisseau marchand, que marchand
                                        [même
N'aient pareil sujet d'affliction. Quant au miracle
D'en avoir réchappé, bien peu sur des millions
S'en pourraient targuer comme nous. Mettez donc,
                                        [sire,
Sagement en balance peine et réconfort.

ALONSO

Paix, je te prie.

(SEBASTIAN

10   He receives comfort like cold porridge.

(ANTONIO

The visitor will not give him o'er so.

(SEBASTIAN

Look, he's winding up the watch of his wit—by and
by it will strike.

GONZALO

Sir—

(SEBASTIAN

One... tell.

GONZALO

When every grief is entertained that's offered,
Comes to the entertainer—

SEBASTIAN [*aloud*]

A dollar.

GONZALO [*turning*]

Dolour comes to him, indeed.   You have spoken
truer than you purposed.

SEBASTIAN

20   You have taken it wiselier than I meant you should.

SÉBASTIEN, *à part.*

Il reçoit les consolations comme du brouet froid.

ANTONIO, *à part.*

Notre frère visiteur [10] ne le lâchera pas comme ça.

SÉBASTIEN, *à part.*

Voyez, il remonte la montre de son esprit. Tout à l'heure elle sonnera.

GONZALO

Sire...

SÉBASTIEN, *à part.*

Un coup. Comptez.

GONZALO

Quand tout chagrin qui se présente est accueilli,
A celui qui l'héberge, il revient...

SÉBASTIEN

Un dollar !

GONZALO

Douleur, oui certes. Vous avez dit plus vrai que vous ne pensiez.

SÉBASTIEN

Vous l'avez pris plus sérieusement que je ne l'entendais.

GONZALO [*to the king again*]

Therefore, my lord,—

(ANTONIO

Fie, what a spendthrift is he of his tongue.

ALONSO

I prithee, spare.

GONZALO

Well, I have done: But yet—

(SEBASTIAN

He will be talking.

(ANTONIO

Which, of he or Adrian, for a good wager, first begins to crow?

(SEBASTIAN

The old cock.

(ANTONIO

The cockerel.

(SEBASTIAN

30   Done: the wager?

(ANTONIO

A laughter.

GONZALO

Ainsi donc, sire...

ANTONIO, *à part.*

Fi, comme il est prodigue de sa langue !

ALONSO

Épargne-nous, de grâce.

GONZALO

Soit, j'ai fini. Toutefois...

SÉBASTIEN, *à part.*

Il faut qu'il pérore.

ANTONIO, *à part.*

De lui ou d'Adrien — pour un bon enjeu — qui chantera le premier ?

SÉBASTIEN, *à part.*

Le vieux coq.

ANTONIO, *à part.*

Le coquelet.

SÉBASTIEN, *à part.*

D'accord. L'enjeu ?

ANTONIO, *à part.*

Un éclat de rire.

(SEBASTIAN

A match!

ADRIAN

Though this island seem to be desert,—

ANTONIO

Ha, ha, ha!

(SEBASTIAN

So! you're paid.

ADRIAN

—uninhabitable, and almost inaccessible,—

(SEBASTIAN

Yet—

ADRIAN

—yet—

(ANTONIO

He could not miss't.

ADRIAN

40   —it must needs be of subtle, tender and delicate
temperance.

(ANTONIO

'Temperance' was a delicate wench.

SÉBASTIEN, *à part.*

Tope !

ADRIEN

Bien que cette île semble déserte...

ANTONIO, *à part.*

Ha, ha, ha !

SÉBASTIEN, *à part.*

Bon ! Vous voilà payé.

ADRIEN

Inhabitable et presque inaccessible...

SÉBASTIEN, *à part.*

Néanmoins...

ADRIEN

Néanmoins...

ANTONIO, *à part.*

Il n'y pouvait pas couper.

ADRIEN

Le climat en doit être nécessairement d'une fine, tendre et délicate clémence.

ANTONIO, *à part.*

Délicate donzelle que cette Clémence.

(SEBASTIAN

Ay, and a subtle, as he most learnedly delivered.

ADRIAN

The air breathes upon us here most sweetly.

(SEBASTIAN

As if it had lungs, and rotten ones.

(ANTONIO

Or, as 'twere perfumed by a fen.

GONZALO

Here is every thing advantageous to life.

(ANTONIO

True, save means to live.

(SEBASTIAN

Of that there's none, or little.

GONZALO

50   How lush and lusty the grass looks! how green!

(ANTONIO

The ground, indeed, is tawny.

(SEBASTIAN

With an eye of green in't.

SÉBASTIEN, *à part.*

Oui-da, et fine mouche, comme il l'a doctement
énoncé.

ADRIEN

L'air nous évente de la manière la plus suave.

SÉBASTIEN, *à part.*

Comme soufflé par des poumons pourris.

ANTONIO, *à part.*

Ou encore comme si le parfumait un marécage.

GONZALO

Tout ce qui est propice à la vie s'y rencontre.

ANTONIO, *à part.*

Il est vrai, hors les moyens de vivre.

SÉBASTIEN, *à part.*

Lesquels sont nuls, ou rares.

GONZALO

Voyez comme l'herbe est drue et luxuriante, comme
elle est verte.

ANTONIO, *à part.*

Le sol, à parler franc, est fauve.

SÉBASTIEN, *à part.*

Avec un soupçon de vert.

(ANTONIO

He misses not much.

(SEBASTIAN

No: he doth but mistake the truth totally.

GONZALO

But the rarity of it is, which is indeed almost beyond credit,—

(SEBASTIAN

As many vouched rarities are.

GONZALO

—that our garments, being, as they were, drenched in the sea, hold notwithstanding their freshness and
60 gloss, as being rather new dyed than stained with salt water.

(ANTONIO

If but one of his pockets could speak, would it not say he lies?

(SEBASTIAN

Ay, or very falsely pocket up his report.

GONZALO

Methinks our garments are now as fresh as when we put them on first in Afric, at the marriage of the king's fair daughter Claribel to the King of Tunis.

ANTONIO, *à part.*

Il n'est pas loin du compte.

SÉBASTIEN, *à part.*

Non, il se méprend seulement du tout au tout.

GONZALO

Mais ce qu'il y a de plus étrange et, pour ainsi dire, d'incroyable...

SÉBASTIEN, *à part.*

Comme tant d'étrangetés attestées.

GONZALO

C'est que nos vêtements, trempés comme ils l'ont été dans la mer, gardent pourtant leur fraîcheur et leur éclat : on dirait que la saumure les a reteints plutôt que tachés.

ANTONIO, *à part.*

Si seulement l'une de ses poches pouvait parler, dirait-elle pas qu'il ment ?

SÉBASTIEN, *à part.*

Que oui, à moins d'empocher fallacieusement son dire.

GONZALO

Nos vêtements, ce me semble, sont aussi frais à présent que lorsque nous les mîmes pour la première fois en Afrique, au mariage de la fille du roi, de la belle Claribel, avec le roi de Tunis.

(SEBASTIAN

'Twas a sweet marriage, and we prosper well in our return.

ADRIAN

70   Tunis was never graced before with such a paragon to their queen.

(GONZALO

Not since widow Dido's time.

(ANTONIO

Widow? a pox o'that: How came that widow in? Widow Dido!

(SEBASTIAN

What if he had said 'widower Æneas' too? Good Lord, how you take it!

ADRIAN

Widow Dido, said you? you make me study of that: She was of Carthage, not of Tunis.

GONZALO

This Tunis, sir, was Carthage.

ADRIAN

80   Carthage?

GONZALO

I assure you, Carthage.

SÉBASTIEN, *à part.*

Charmant mariage et qui nous vaut un heureux retour !

ADRIEN

Jamais Tunis ne fut gratifiée d'un tel parangon pour reine.

GONZALO

Du moins, depuis le temps de la veuve Didon.

ANTONIO, *à part.*

La veuve ? Peste ! Dis donc, veuve Didon, que viens-tu faire ici ? La veuve Didon !

SÉBASTIEN, *à part.*

Eh bien, quand il aurait dit aussi « le veuf Enée » ? Grand Dieu, comme vous prenez les choses !

ADRIEN

La veuve Didon, dites-vous ? Vous m'y faites songer, elle était de Carthage, pas de Tunis.

GONZALO

Ce Tunis, monsieur, fut Carthage.

ADRIEN

Carthage ?

GONZALO

Je vous l'assure : Carthage.

(ANTONIO

His word is more than the miraculous harp.

(SEBASTIAN

He hath raised the wall, and houses too.

(ANTONIO

What impossible matter will he make easy next?

(SEBASTIAN

I think he will carry this island home in his pocket, and give it his son for an apple.

(ANTONIO

And, sowing the kernels of it in the sea, bring forth more islands.

GONZALO

I.

(ANTONIO

90   Why, in good time.

GONZALO

Sir, we were talking, that our garments seem now as fresh as when we were at Tunis at the marriage of your daughter, who is now queen.

ANTONIO, *à part.*

Sa parole en fait davantage que la harpe miraculeuse [n].

SÉBASTIEN, *à part.*

Il a fait surgir l'enceinte et du même coup les maisons.

ANTONIO, *à part.*

Quelle impossibilité va-t-il maintenant aplanir ?

SÉBASTIEN, *à part.*

M'est avis qu'il va emporter cette île à la maison dans sa poche et la donner à son fils en guise de pomme.

ANTONIO, *à part.*

Après quoi, semant les pépins dans la mer, il fera pousser d'autres îles.

GONZALO

Sire !

ANTONIO, *à part.*

Il y revient ponctuellement.

GONZALO

Nous disions, sire, que nos habits nous paraissent aussi frais que naguère à Tunis, lors du mariage de votre fille, à présent reine.

(ANTONIO

And the rarest that e'er came there.

(SEBASTIAN

Bate, I beseech you, widow Dido.

(ANTONIO

O, widow Dido! ay, widow Dido.

GONZALO

Is not, sir, my doublet as fresh as the first day I wore
it? I mean, in a sort.

(ANTONIO

That sort was well fished for.

GONZALO

100   When I wore it at your daughter's marriage?

ALONSO [*sitting up*]

You cram these words into mine ears, against
The stomach of my sense... Would I had never
Married my daughter there: for, coming thence,
My son is lost, and, in my rate, she too,
Who is so far from Italy removed,
I ne'er again shall see her... O thou mine heir
Of Naples and of Milan, what strange fish
Hath made his meal on thee?

FRANCISCO

                                 Sir, he may live.
I saw him beat the surges under him,

ANTONIO, *à part.*

Et la plus excellente qui fût jamais en cette ville.

SÉBASTIEN, *à part.*

Hormis, s'il vous plaît, la veuve Didon.

ANTONIO, *à part.*

O la veuve Didon ! Didon, Didon la veuve !

GONZALO

Mon pourpoint, sire, n'est-il pas aussi frais qu'au premier jour ? J'entends... en quelque sorte.

ANTONIO, *à part.*

Cet « en quelque sorte » ne voulait pas sortir.

GONZALO

Lorsque je l'ai porté au mariage de votre fille ?

ALONSO

Vous me gavez les oreilles de plus de mots
Que mon esprit n'en peut digérer. Qu'ai-je été
Marier ma fille là-bas, puisqu'au retour
Je perds un fils — et elle aussi, à mon estime,
Car, à la distance où elle est de l'Italie,
Comment jamais la reverrai-je ? Hélas, mon hoir
De Milan et de Naples, quel poisson étrange
A fait sa pitance de toi ?

FRANCISCO

                    Sire, il peut vivre.
Je l'ai vu au-dessous de lui battre les vagues

110 And ride upon their backs; he trod the water,
Whose enmity he flung aside... and breasted
The surge most swoln that met him: his bold head
'Bove the contentious waves he kept... and oared
Himself with his good arms in lusty stroke
To th' shore... that o'er his wave-worn basis bowed,
As stooping to relieve him: I not doubt
He came alive to land.

ALONSO

No, no, he's gone.

SEBASTIAN [*aloud*]

Sir, you may thank yourself for this great loss,
That would not bless our Europe with your daughter,
120 But rather loose her to an African,
Where she, at least, is banished from your eye,
Who hath cause to wet the grief on't.

ALONSO

Prithee, peace.

SEBASTIAN

You were kneeled to, and importuned otherwise
By all of us: and the fair soul herself
Weighed between loathness and obedience, at
Which end of the beam sh'ould bow...   We have lost
                                                              [your son,
I fear, for ever: Milan and Naples have
Mo widows in them of this business' making,
Than we bring men to comfort them:
130 The fault's your own.

ALONSO

So is the dear'st o'th' loss.

Et chevaucher leur échine ; il parcourait l'onde
Qu'il jetait de côté, haineuse, il affrontait
Les assauts de la houle énorme, maintenait
Au-dessus des flots querelleurs sa tête fière
Et, de ses bras puissants, ramait avec vigueur
Vers la côte qui, sur sa base usée des vagues,
S'inclinait, eût-on dit, pour lui porter secours.
Comment douter qu'il ait, vivant, gagné la terre ?

ALONSO

Non, non, il a péri.

SÉBASTIEN

                    De cette grande perte,
Sire, vous pouvez vous flatter d'être l'auteur,
Qui frustrâtes notre Europe de votre fille,
L'aimant mieux mettre à la merci d'un Africain,
Si bien qu'elle — en tout cas — est bannie de vos yeux
Qui certes ont sujet de pleurer vos chagrins.

ALONSO

Paix, je te prie.

SÉBASTIEN

                    Nous étions tous à vos genoux,
Vous suppliant de n'en rien faire, et elle-même,
Balançant, la chère âme, entre l'obéissance
Et le dégoût, ne savait plus vers où pencher.
Cette affaire vaut plus de veuves à nos villes
Qu'il ne vous reste d'hommes pour les consoler.
La faute est vôtre.

ALONSO

                    Aussi la plus cuisante perte.

GONZALO

My lord Sebastian,
The truth you speak doth lack some gentleness,
And time to speak it in: you rub the sore,
When you should bring the plaster.

(SEBASTIAN

                              Very well.

(ANTONIO

And most chirurgeonly.

GONZALO

It is foul weather in us all, good sir,
When you are cloudy.

(SEBASTIAN

                    Fowl weather?

(ANTONIO

                              Very foul.

GONZALO

Had I plantation of this isle, my lord,—

(ANTONIO

He'd sow't with nettle-seed.

(SEBASTIAN

                        Or docks, or mallows.

GONZALO

Monseigneur Sébastien,
Ces vérités manquent un peu de gentillesse
Et d'à-propos : vous irritez la plaie au lieu
D'y poser un emplâtre.

SÉBASTIEN, *à part.*

L'excellente chose !

ANTONIO, *à part.*

Et fort chirurgicale.

GONZALO

Sire, il fait en chacun de nous un temps maussade
Quand vous vous embrumez.

SÉBASTIEN, *à part.*

Un temps maussade ?

ANTONIO, *à part.*

Infect.

GONZALO

Si je colonisais cette île, monseigneur...

ANTONIO, *à part.*

Pour y semer l'ortie.

SÉBASTIEN, *à part.*

La patience ou la mauve.

GONZALO

140 And were the king on't, what would I do?

(SEBASTIAN

'Scape being drunk, for want of wine.

GONZALO

I'th' commonwealth I would by contraries
Execute all things: for no kind of traffic
Would I admit: no name of magistrate:
Letters should not be known: riches, poverty,
150 And use of service—none: contract, succession,
Bourn, bound of land, tilth, vineyard—none:
No use of metal, corn, or wine, or oil:
No occupation, all men idle, all:
And women too, but innocent and pure:
No sovereignty—

(SEBASTIAN

Yet he would be king on't.

(ANTONIO

The latter end of his commonwealth forgets the
                                              [beginning.

GONZALO

All things in common nature should produce
Without sweat or endeavour: treason, felony,
Sword, pike, knife, gun, or need of any engine,
Would I not have: but nature should bring forth,
Of it own kind, all foison, all abundance,
To feed my innocent people.

GONZALO

Et que j'en fusse le monarque, que ferais-je ?

SÉBASTIEN, *à part.*

Il laisserait de s'enivrer, faute de vin.

GONZALO

Dans ma république, je ferais toute chose
A rebours : je n'y tolérerais aucun trafic ;
Aucun titre de magistrat ; nul n'y saurait
Ses lettres ; on n'y connaîtrait riches ni pauvres
Non plus que serviteurs ; et ni legs ni contrats ;
Ni bornes, ni enclos, ni labours, ni vignobles ;
Ni l'usage du fer, du blé, du vin, de l'huile ;
Nulles occupations qu'oisives [12] pour les hommes,
Comme aussi pour les femmes, innocentes, pures ;
Nulle souveraineté...

SÉBASTIEN, *à part.*

Quelque roi qu'il fût !

ANTONIO, *à part.*

Le bas-bout de la république oublie la tête.

GONZALO

La nature produirait tout pour un chacun
Sans effort ni sueur : trahison, félonie,
Piques, épées, couteaux, canons, armes, machines
Seraient bannis ; car d'elle-même la nature
Fournirait tout à profusion, tout à pléthore
Pour nourrir mon peuple innocent.

(SEBASTIAN

No marrying 'mong his subjects?

(ANTONIO

160 None, man, all idle; whores and knaves...

GONZALO

I would with such perfection govern, sir,
T'excel the golden age, and—

SEBASTIAN [*aloud*]

'Save his majesty!

ANTONIO

Long live Gonzalo!

GONZALO

Do you mark me, sir?

ALONSO

Prithee, no more: thou dost talk nothing to me.

GONZALO

I do well believe your highness, and did it to
minister occasion to these gentlemen, who are of such
sensible and nimble lungs, that they always use to
laugh at nothing.

ANTONIO

'Twas you we laughed at.

SÉBASTIEN, *à part.*

                    Le mariage
Ne serait-il point pratiqué par ses sujets ?

ANTONIO, *à part.*

Que non pas : tous oisifs, tous marlous et putains.

GONZALO

Mon gouvernement, sire, par son excellence,
Passerait l'Age d'Or.

SÉBASTIEN

Vive Sa Majesté !

ANTONIO

Dieu sauve Gonzalo !

GONZALO

Et... vous m'écoutez, sire ?

ALONSO

De grâce, assez, ton verbiage ne m'est rien.

GONZALO

J'en crois aisément Votre Majesté. Je ne bavardais
de la sorte que pour fournir un prétexte à ces
gentilshommes qui ont la rate si chatouilleuse et si agile
qu'ils rient sans cesse de rien.

ANTONIO

C'est de vous que nous riions.

GONZALO

170   Who, in this kind of merry fooling, am nothing to
you: so you may continue, and laugh at nothing still.

ANTONIO

What a blow was there given!

SEBASTIAN

An it had not fallen flat-long.

GONZALO

You are gentlement of brave mettle : you would lift
the moon out of her sphere—if she would continue in it
five weeks without changing !

Ariel appears aloft, 'playing solemn music'.

SEBASTIAN

We would so, and then go a bat-fowling.

Gonzalo turns away.

ANTONIO

Nay, good my lord, be not angry.

GONZALO

No, I warrant you. I will not adventure my
180   discretion so weakly... [*he lies down*] Will you laugh
me asleep, for I am very heavy?

ANTONIO

Go sleep, and hear us.

[all sleep but Alonso, Sebastian and Antonio.

GONZALO

De moi qui, sur ce terrain de bouffonnerie, ne vaux rien auprès de vous : vous pouvez donc continuer et toujours rire de rien.

ANTONIO

Quel coup il a porté là !

SÉBASTIEN

Dommage qu'il soit tombé à plat ventre.

GONZALO

Vous êtes des gentilshommes d'une fière trempe et vous décrocheriez la lune de sa sphère pour peu qu'elle y restât cinq semaines sans changer.

Ariel paraît en haut, 'jouant un air solennel'.

SÉBASTIEN

Certes, et puis nous irions chasser les étourneaux [13].

ANTONIO

Allons, mon bon seigneur, ne vous mettez pas en colère.

GONZALO

Que non, je vous le garantis. Je ne hasarderai pas mon discernement pour si faible cause… voulez-vous me bercer de vos rires car j'ai grandement sommeil ?

ANTONIO

Endormez-vous, vous nous entendrez.

Tous s'endorment, sauf Alonso, Sébastien et Antonio.

ALONSO

What, all so soon asleep?   I wish mine eyes
Would, with themselves, shut up my thoughts.   I
                                                        [find,
They are inclined to do so.

SEBASTIAN

                              Please you, sir,
Do not omit the heavy offer of it:
It seldom visits sorrow; when it doth,
It is a comforter.

ANTONIO

                    We two, my lord,
Will guard your person, while you take your rest,
190 And watch your safety.

ALONSO

                          Thank you. . . wondrous heavy.
                    [Alonso sleeps.   Ariel vanishes.

SEBASTIAN

What a strange drowsiness possesses them!

ANTONIO

It is the quality o'th' climate.

SEBASTIAN

                          Why
Doth it not then our eyelids sink?   I find not
Myself disposed to sleep.

ALONSO

Eh ! quoi, tous si vite endormis ! Puissent mes yeux,
En se fermant, de même enfermer mes pensées.
Mais je sens qu'ils y sont enclins...

SÉBASTIEN

                              Gardez-vous, sire,
De refuser ce don pesant, car le sommeil
N'est pas coutumier de visiter la peine,
Mais, le fait-il, alors c'est en consolateur.

ANTONIO

Sire, nous garderons tous deux votre personne
Et veillerons sur vous tandis que vous dormez.

ALONSO

Merci... je tombe de sommeil.

Il s'endort. Ariel disparaît.

SÉBASTIEN

Quelle étrange torpeur les prend !

ANTONIO

                         C'est le climat.

SÉBASTIEN

Mais il alourdirait aussi nos paupières
Et je n'ai pas sommeil.

ANTONIO

                    Nor I.   My spirits are nimble:
They fell together all, as by consent;
They dropped—as by a thunder-stroke... [*in a whisper, pointing at the sleepers*]   What might,
Worthy Sebastian?   O, what might?   No more...
And yet, methinks, I see it in thy face,
What thou shouldst be: th'occasion speaks thee, and
200   My strong imagination sees a crown
Dropping upon thy head.

SEBASTIAN

                    What! art thou waking?

ANTONIO

Do you not hear me speak?

SEBASTIAN

                    I do, and surely
It is a sleepy language; and thou speak'st
Out of thy sleep: What is it thou didst say?
This is a strange repose, to be asleep
With eyes wide open; standing, speaking, moving...
And yet so fast asleep.

ANTONIO

                    Noble Sebastian,
Thou let'st thy fortune sleep... die rather... wink'st
Whiles thou art waking.

SEBASTIAN

                    Thou dost snore distinctly,
210   There's meaning in thy snores.

ANTONIO

> Ni moi : j'ai l'esprit leste.
Ils ont chu tous ensemble ; d'un commun accord,
Eût-on dit, comme foudroyés. Que ne pourrait...
O noble Sébastien, que ne pourrait... Suffit.
Et cependant je crois lire sur ton visage
Ce que tu devrais être. L'occasion te parle
Et ma vive imagination voit sur ta tête
Descendre une couronne.

SÉBASTIEN

> Hein ? Es-tu éveillé ?

ANTONIO

M'entends-tu point parler ?

SÉBASTIEN

> Si fait, mais sans nul doute
C'est un langage de dormeur que tu tiens là
Et tu parles dans ton sommeil. Que disais-tu ?
Quel étrange repos que de dormir ainsi
Les yeux ouverts : debout, parlant, bougeant, encore
Qu'en plein sommeil.

ANTONIO

> C'est toi qui laisses ta fortune
Dormir, noble Sébastien, pour ne pas dire
Mourir : tout éveillé, tu fermes les paupières.

SÉBASTIEN

Tu ronfles clairement et cela fait un sens.

ANTONIO

I am more serious than my custom: you
Must be so too, if heed me: which to do,
Trebles thee o'er.

SEBASTIAN

                    Well: I am standing water.

ANTONIO

I'll teach you how to flow.

SEBASTIAN

                    Do so: to ebb
Hereditary sloth instructs me.

ANTONIO

                    O!
If you but knew how you the purpose cherish
Whiles thus you mock it: how, in stripping it,
You more invest it: ebbing men, indeed,—
Most often—do so near the bottom run
220 By their own fear, or sloth.

SEBASTIAN

                    Prithee, say on.
The setting of thine eye and cheek proclaim
A matter from thee; and a birth, indeed,
Which throes thee much to yield.

ANTONIO [points to Gonzalo]

                    Thus, sir:
Although this lord of weak remembrance; this,
Who shall be of as little memory
When he is earthed, hath here almost persuaded—

ANTONIO

Je suis plus sérieux que de coutume — comme
Tu le serais toi-même si tu m'écoutais
Et triplais [14] ta grandeur.

SÉBASTIEN

Je suis une eau dormante.

ANTONIO

Je saurai t'apprendre à monter.

SÉBASTIEN

Fais : au reflux
Une mollesse innée m'invite.

ANTONIO

O ce dessein
Que tu railles, ne sais-tu pas combien tu l'aimes ?
Comme, en croyant le rejeter, tu t'en revêts ?
Souvent ceux qui refluent l'indolence ou la crainte
Vous les met à deux doigts de la vase.

SÉBASTIEN

Poursuis,
Je te prie. Ton regard fixe, ta joue tendue
L'annoncent, quelque chose va sortir de toi,
Mais la parturition est fort laborieuse.

ANTONIO

Voici, monsieur. Encore que ce gentilhomme
De médiocre mémoire — et ce à double titre,
Car, une fois en terre, qui s'en souviendra ? —
Tout à l'heure ait quasi persuadé le roi

For he's a spirit of persuasion, only
Professes to persuade—the king his son's alive,
'Tis as impossible that he's undrowned,
230 As he that sleeps here swims.

SEBASTIAN

                I have no hope
That he's undrowned.

ANTONIO

             O, out of that 'no hope'
What great hope have you! no hope, that way, is
Another way so high an hope, that even
Ambition cannot pierce a wink beyond,
But douts discovery there... Will you grant with me
That Ferdinand is drowned?

SEBASTIAN

             He's gone.

ANTONIO

                  Then, tell me,
Who's the next heir of Naples?

SEBASTIAN

             Claribel.

ANTONIO

She that is queen of Tunis: she that dwells
Ten leagues beyond man's life: she that from Naples
240 Can have no note—unless the sun were post:
The man i'th' moon's too slow—till new-born chins
Be rough and razorable: she that... from whom
We were all sea-swallowed, though some cast again,

— Étant, c'est son métier, la persuasion même —
Que son fils vit, je veux, s'il ne s'est point noyé
Que ce dormeur-ci nage.

SÉBASTIEN

                    Je n'ai point d'espoir
Qu'il soit vivant.

ANTONIO

                    Oh ! mais ce même « point d'espoir »
Quel grand espoir il vous promet ! Point d'espoir là,
C'est par ailleurs si haut espoir que l'ambition,
Ne pouvant percer au delà, souffle sa torche.
M'accordez-vous que Ferdinand a coulé bas ?

SÉBASTIEN

Il n'est plus.

ANTONIO

            Après lui, qui donc hérite Naples ?

SÉBASTIEN

Claribel.

ANTONIO

            Claribel, qui règne sur Tunis
Dix lieues plus loin que n'atteindrait une vie
                                        [d'homme ;
Qui ne peut, au sujet de Naples, rien apprendre
A moins que d'avoir le soleil pour courrier
(Non point l'homme de la lune, il serait trop lent)
D'ici que les mentons nouveau-nés se hérissent
Et veuillent le rasoir ; elle que nous quittâmes
Pour être tous avalés par les flots marins,

And by that destiny—to perform an act,
Whereof what's past is prologue; what to come,
In yours and my discharge.

SEBASTIAN

                    What stuff is this?   How say you?
'Tis true, my brother's daughter's queen of Tunis,
So is she heir of Naples—'twixt which regions
There is some space.

ANTONIO

                    A space whose every cubit
250 Seems to cry out, 'How shall that Claribel
Measure us back to Naples?   Keep in Tunis,
And let Sebastian wake'. . .   Say, this were death
That now hath seized them—why, they were no worse
Than now they are: There be that can rule Naples,
As well as he that sleeps: lords, that can prate
As amply and unnecessarily
As this Gonzalo: I myself could make
A chough of as deep chat: O, that you bore
The mind that I do; what a sleep were this
260 For your advancement!   Do you understand me?

SEBASTIAN

Methinks I do.

ANTONIO

                    And how does your content
Tender your own good fortune?

Encore que certains en aient été vomis
Et par là même soient destinés à jouer
Un acte qui a pour prologue le passé,
L'avenir étant dans vos mains et dans les miennes.

SÉBASTIEN

Qu'est-ce que c'est que ce fatras ? Comment dis-tu ?
La fille de mon frère est reine de Tunis,
Il est vrai ; vrai aussi qu'elle héritera Naples
Et qu'entre ces pays s'étend... pas mal d'espace.

ANTONIO

Un espace dont chaque lieue semble clamer :
« Comment donc Claribel nous va-t-elle franchir
Jusques à Naples ? Non, qu'elle reste à Tunis !
Que Sébastien s'éveille ! »... Si c'était la mort
Qui fût venue les prendre à présent, leur posture
Ne serait guère plus fâcheuse qu'elle n'est.
J'en sais qui régneraient sur Naples aussi bien
Que ce dormeur, et les nobles ne manquent point
Pour jaser d'aussi oiseuse et ample manière
Que ce Gonzalo ; moi-même, je vous ferais
Un choucas de non moins sentencieux ramage.
O ce sommeil, si vous pensiez comme je pense,
Que n'œuvrerait-il pas pour votre avancement !
Saisissez-vous ?

SÉBASTIEN

Je crois que oui.

ANTONIO

Et que vous semble
De cette bonne fortune qui vous échoit ?

SEBASTIAN

I remember
You did supplant your brother Prospero.

ANTONIO

True:
And look how well my garments sit upon me,
Much feater than before: my brother's servants
Were then my fellows, now they are my men.

SEBASTIAN

But, for your conscience?

ANTONIO

Ay, sir: where lies that? if 'twere a kibe,
'Twould put me to my slipper: but I feel not
270 This deity in my bosom... Twenty consciences,
That stand 'twixt me and Milan, candied be they,
And melt ere they molest... Here lies your brother,
No better than the earth he lies upon.
If he were that which now he's like—[*sinks his voice*]
[that's dead—
Whom I with this obedient steel—[*touching his dagger*]
[three inches of it—
Can lay to bed for ever... whiles you, doing thus,
To the perpetual wink for aye might put
This ancient morsel... [*pointing to Gonzalo*] this Sir
[Prudence, who
Should not upbraid our course... For all the rest,
280 They'll take suggestion, as a cat laps milk—
They'll tell the clock to any business that
We say befits the hour.

SEBASTIAN

Thy case, dear friend,
Shall be my precedent: as thou got'st Milan,

SÉBASTIEN

S'il m'en souvient, vous supplantâtes votre frère
Prospéro.

ANTONIO

      En effet. Et, vous pouvez le voir,
Mes habits me vont à merveille : mieux qu'avant.
Ceux qui servaient mon frère étaient mes compagnons
En ce temps-là ; ils sont à cette heure mes gens.

SÉBASTIEN

Mais votre conscience ?

ANTONIO

      Où cela niche-t-il ?
Si c'était une ampoule au pied, je porterais
Pantoufle. Mais je ne sens point cette déesse
En mon sein. Vingt consciences se dressassent-elles
Entre Milan et moi, bah ! je les ferais fondre
Avant d'en être ému. Votre frère gît là ;
Il ne vaudrait pas mieux que le terreau qu'il couvre
S'il était ce dont il a l'air, à savoir mort,
Lui que de cet acier obéissant — six pouces
Y suffiraient — je puis endormir pour toujours,
Tandis que, faisant de même, vous pourriez
Mettre en perpétuel sommeil ce vieux débris,
Ce Sire Prudence, l'empêchant de la sorte
De blâmer notre initiative ; quant aux autres,
Vous les verrez gober l'invite comme un chat
Boit du lait, annonçant que c'est l'heure à l'horloge
Quoi que nous déclarions opportun.

SÉBASTIEN

         Que ton cas
Me soit un précédent, cher ami ; oui, de même

I'll come by Naples... Draw thy sword. One
                                                      [stroke
Shall free thee from the tribute which thou payest,
And I the king shall love thee.

ANTONIO

Draw together:
                                  [*they unsheath swords.*

And when I rear my hand, do you the like
To fall it on Gonzalo.

SEBASTIAN

O, but one word.
                                         [*they talk apart.*
            '*Music.*'   *Ariel appears again, unseen by them,*
                             and bends over Gonzalo.

ARIEL

My master through his art foresees the danger,
290 That you—his friend—are in, and sends me forth,
(For else his project dies) to keep thee living.
                              ['*sings in Gonzalo's ear.*'

    While you here do snoring lie,
    Open-eyed conspiracy
        His time doth take:
    If of life you keep a care,
    Shake off slumber, and beware...
        Awake! Awake!

ANTONIO

Then let us both be sudden.

GONZALO [*waking*]

Now, good angels preserve the king!
300 Why, how now? Ho! awake [*shaking Alonso, who
wakes*]

Que tu t'emparas de Milan, je prendrai Naples.
Dégaine, d'un seul coup d'épée affranchis-toi
Du tribut que tu dois payer, et moi, le roi,
Je te porterai dans mon cœur.

ANTONIO

Tirons l'épée
Et, quand je lèverai le bras, faites de même
Pour l'abattre sur Gonzalo.

Ils dégainent.

SÉBASTIEN

Un mot encore.

Ils s'entretiennent à voix basse.
'Musique.' Réapparaît Ariel, invisible pour
eux.

ARIEL

Mon maître, par son art, a prévu le danger
Qui te guette, toi son ami, et me dépêche
— Son projet, sinon, serait mort — pour te garder.

'Il chante à l'oreille de Gonzalo.'

Tandis que tu dors ici
Veille un complot bien ourdi
Qui te guette.
Si tu fais cas de la vie,
Secoue ton corps engourdi
Et t'éveille !

ANTONIO

Faisons vite tous deux.

GONZALO, *s'éveillant.*

Gardez le roi, bons anges !
Que signifie ? Hola, réveillez-vous !

ALONSO [*to Antonio*
and Sebastian]

                              Why are you drawn?
Wherefore this ghastly looking?   What's the matter?

SEBASTIAN

Whiles we stood here securing your repose,
Even now, we heard a hollow burst of bellowing
Like bulls, or rather lions—did't not wake you?
It struck mine ear most terribly.

ALONSO

                          I heard nothing.

ANTONIO

O, 'twas a din to fright a monster's ear;
To make an earthquake... sure, it was the roar
Of a whole herd of lions.

ALONSO

                      Heard you this, Gonzalo?

GONZALO

Upon mine honour, sir, I heard a humming—
310 And that a strange one too—which did awake me...
I shaked you, sir, and cried... as mine eyes opened,
I saw their weapons drawn... there was a noise,
That's verily... 'tis best we stand upon our guard;
Or that we quit this place... let's draw our weapons.

ALONSO, *s'éveillant*.

                              Pourquoi
Ces épées nues ? Ces yeux sinistres ? Qu'y a-t-il ?

SÉBASTIEN

A l'instant, comme nous gardions votre repos,
Un sourd mugissement qu'on eût dit de taureaux
Ou mieux encore de lions, s'est fait entendre.
Mais n'en fûtes-vous pas réveillé ? Mon oreille
En a été frappée d'horrible sorte.

ALONSO

                              Non,
Je n'ai rien entendu.

ANTONIO

                    O c'était un vacarme
A glacer l'oreille d'un monstre, à déchaîner
Un séisme : il faut que vingt lions aient rugi.

ALONSO

Vous l'avez entendu, Gonzalo ?

GONZALO

                         Ma foi, sire,
J'ai perçu un bourdonnement, et fort étrange,
Qui m'éveilla. Sur quoi je vous ai secoué,
Sire, et puis j'ai crié. Ouvrant les yeux, j'ai vu
Leurs lames nues. Un bruit s'est produit en tout cas.
Mieux vaut nous tenir sur nos gardes, ou encore
Quitter la place. Dégainons.

ALONSO

Lead off this ground, and let's make further search
For my poor son.

GONZALO

Heavens keep him from these beasts...
For he is, sure, i'th'island.

ALONSO

Lead away.

ARIEL [*as the band moves off*]

Prospero my lord shall know what I have done...
So, king, go safely on the seek thy son.

[*vanishes.*

[II, 2.]

A barren upland: the weather lowering.

'*Enter* CALIBAN, *with a burden of wood. A noise of
thunder heard.*'

CALIBAN

All the infections that the sun sucks up
From bogs, fens, flats, on Prosper fall, and make him
By inch-meal a disease: [*lightning*] His spirits hear me,
And yet I needs must curse... [*casts down his bur-*
                            [*den*] But they'll nor pinch,
Fright me with urchin-shows, pitch me i'th' mire,

ALONSO

Ouvre la marche.
Remettons-nous en quête de mon pauvre fils.

GONZALO

Que les cieux le protègent de ces bêtes fauves
Car, c'est certain, il est dans l'île.

ALONSO

Prends la tête.

Ils sortent.

ARIEL

Mon maître Prospéro saura ce que j'ai fait.
Maintenant, roi, tu peux chercher ton fils en paix.

Il disparaît.

SCÈNE II

Une autre partie de l'île.

'*Entre* CALIBAN *avec une charge de bois. Tonnerre.*'

CALIBAN

Que tous les miasmes aspirés par le soleil
Dans les fonds, dans les boues, dans les mares
                                        [s'abattent
Sur Prospéro, pour faire de lui, pouce à pouce,
Une plaie ! Ses esprits m'entendent, mais je dois
A toute force le maudire. Eux n'iraient pas
Me pincer, m'effrayer de gobelins hirsutes,

Nor lead me, like a firebrand, in the dark
Out of my way, unless he bid 'em; but
For every trifle are they set upon me—
Sometime like apes, that mow and chatter at me,
10 And after bite me: then like hedgehogs which
Lie tumbling in my barefoot way, and mount
Their pricks at my footfall: sometime am I
All wound with adders, who with cloven tongues
Do hiss me into madness...

Enter Trinculo.

Lo, now, lo!
Here comes a spirit of his—and to torment me,
For bringing wood in slowly: I'll fall flat—
Perchance he will not mind me.

[*he falls upon his face, so that his gaberdine hides
him.*

TRINCULO [*stumbling forward,
looking at the sky*]

Here's neither bush nor shrub, to bear off any
weather at al... and another storm brewing, I hear it
20 sing i'th' wind: yond same black cloud, yond huge one,
looks like a foul bombard that would shed his liquor: if
it should thunder, as it did before, I know not where to
hide my head: yond same cloud cannot choose but fall
by pailfuls... [*trips over Caliban*] What have we
here? a man or a fish? dead or alive? [*sniffing*] A fish,
he smells like a fish... a very ancient and fish-like
smell... a kind of not-of-the-newest poor-john: a
strange fish... Were I in England now, as once I
was, and had but this fish painted,—not a holiday fool
30 there but would give a piece of silver: there would this
monster make a man: any strange beast there makes a
man: when they will not give a doit to relieve a lame
beggar, they will lay out ten so see a dead Indian...
[*lifts the gaberdine*] Legged like a man; and his fins like
arms... [*feels the body warily*] Warm, o' my troth!
[*starts back*] I do now let loose my opinion; hold it no

Me précipiter dans la crotte, ni me perdre
Dans le noir, tels les feux follets, sans qu'il l'ordonne,
Mais pour une vétille il les lance après moi :
Tantôt comme des singes qui grimacent, grincent
Des dents à mon adresse et après ça me mordent,
Tantôt comme des hérissons roulés en boule
Qui dardent leurs piquants où mon pied nu se pose,
Lorsque je ne suis pas enlacé de vipères
Dont les dards fourchus sifflent à me rendre fou.

Entre Trinculo.

Ho ! Un esprit à lui qui vient me tourmenter
Pour avoir été long à ramener du bois.
A plat ventre : espérons qu'il ne me verra pas.

Il se jette la face contre terre, caché sous son caban.

TRINCULO

Pas un buisson, pas un branchage pour protéger de
la plus petite intempérie, et voilà encore un orage qui
mijote, je l'entends chanter dans le vent. Ce nuage noir
là-bas, ce gros pansu, est comme une sale bonbonne
toute prête à pisser sa liqueur. S'il devait tonner
comme tantôt, je me demande où j'irais cacher ma
tête : ce même nuage ne manquera pas de se déverser à
pleins seaux... Qu'avons-nous là ? Un homme ou un
poisson ? Est-ce mort ou vif ? C'est un poisson : il sent
le poisson ; il dégage une très rance et poissonneuse
odeur ; c'est un genre de merluche, et pas des plus
fraîche. L'étrange poisson ! Si seulement j'étais en
Angleterre, comme dans le temps, et que je fasse
portraiturer ce poisson, il n'y a pas un benêt du
dimanche qui ne lâcherait sa pièce d'argent. Là-bas, ce
monstre vous engraisserait son homme ; n'importe
quelle étrange bête, là-bas, vous pose un homme. Ils ne
se fendraient pas d'un liard pour secourir un mendiant
estropié, mais ils en allongeraient dix pour voir un
Indien mort[15]. Ça vous a des jambes comme un
homme. Et des nageoires en forme de bras. C'est
chaud, sur ma foi ! Je laisse choir mon opinion, je ne la

longer; this is no fish, but an islander, that hath lately
suffered by a thunderbolt: [*more thunder*] Alas! the
storm is come again: my best way is to creep under his
40   gaberdine: [*he does so, at the tail end*] there is no other
shelter hereabout: misery acquaints a man with strange
bed-fellows: [*pulling the skirt round him*] I will here
shroud till the dregs of the storm be past.

'*Enter Stephano, singing*'; *a bottle in his hand.*

STEPHANO

I shall no more to sea, to sea,
    Here shall I die ashore,—
    This is a very scurvy tune to sing at a man's
                            [funeral:
Well, here's my comfort.

['*drinks.*'

['*sings*'] The master, the swabber, the bos'n, and I,
50   The gunner, and his mate,
Loved Mall, Meg, and Marian, and Margery,
    But none of us cared for Kate...
    For she had a tongue with a tang,
    Would cry to a sailor, 'Go hang':
She loved not the savour of tar nor of pitch,
Yet a tailor might scratch her where'er she did itch...
    Then to sea, boys, and let her go hang.
This is a scurvy tune too: but here's my comfort.

['*drinks.*'

CALIBAN

Do not torment me... O!

STEPHANO

60   What's the matter? [*turning*] Have we devils
here? Do you put tricks upon's with salvages and
men of Ind, ha? I have not 'scaped drowning, to be

soutiens pas plus longtemps : ce n'est point un poisson, c'est un insulaire que la foudre vient de frapper.
(*Tonnerre.*) Mais voilà l'orage qui repique ! Ce que j'ai
de mieux à faire, c'est de me glisser sous sa souquenille : pas d'autre abri aux alentours. Le malheur vous
donne à un homme d'étranges compagnons de couche.
Je vais me fourrer là jusqu'à ce que l'orage ait vidé
toute sa lie.

'*Entre Stéphano, chantant*', *une bouteille à la*
main.

STÉPHANO

Je n'irai plus en mer, en mer ;
Je mour-rai sur la rive...
C'est une bien vilaine chanson pour être chantée à
un enterrement. Allons, voici pour me consoler.

Il ' *boit* ' *et il* ' *chante* ' :

Le timonier, le canonnier, le capitaine,
Le gabier, le patron et moi,
Parlez-nous de Margot, de Marion ou d'Hélène,
Mais Louison ne nous revient pas.
Avec sa grande gueule, elle nous envoie paître,
Nous du goudron et de la poix.
Quand elle est en chaleur, elle prend un tailleur
Pour la gratter où ça se doit.
Crève la garce ! En mer, les gars !
Encore une vilaine chanson, mais voici pour me
consoler.

'*Il boit.*'

CALIBAN

Ne me tourmente pas ! Oh !

STÉPHANO

Qu'est-ce que c'est ? Y aurait-il des démons ici ? Ou
veut-on nous duper avec des sauvages et des hommes
d'Inde ? Je n'ai pas échappé à la noyade pour avoir

afeard now of your four legs: for it hath been said; As
proper a man as ever went on four legs, cannot make
him give ground: and it shall be said so again, while
Stephano breathes at' nostrils.

CALIBAN

The spirit torments me... O!

STEPHANO

This is some monster of the isle, with four legs; who
hath got, as I take it, an ague... Where the devil
70 should he learn our language? I will give him some
relief, if it be but for that... If I can recover him, and
keep him tame, and get to Naples with him, he's a
present for any emperor that ever trod on neat's-
leather.

CALIBAN [*showing his face*]

Do not torment me, prithee: I'll bring my wood
home faster.

STEPHANO

He's in his fit now; and does not talk after the
wisest; he shall taste of my bottle: if he have never
drunk wine afore, it will go near to remove his fit: if I
80 can recover him, and keep him tame, I will not take too
much for him; he shall pay for him that hath him, and
that soundly.

[*seizing him by the shoulder.*

CALIBAN

Thou dost me yet but little hurt;
Thou wilt anon, I know it by thy trembling:
Now Prosper works upon thee.

peur à présent de tes quatre jambes, car il a été dit :
« Le plus fier homme qui ait jamais marché sur quatre
jambes ne le fera pas reculer », et l'on ne cessera pas de
le dire aussi longtemps que Stéphano respirera par les
narines.

CALIBAN

L'esprit me tourmente ! Oh !

STÉPHANO

C'est là quelque monstre insulaire à quatre jambes,
qui, ce me semble, a pris la fièvre. Où diable a-t-il pu
apprendre notre langue ? Ne serait-ce que pour ça, je
veux lui porter secours. Si je viens à bout de le guérir,
de l'apprivoiser et de regagner Naples avec lui, il fera
un présent digne du plus grand empereur qui ait jamais
chaussé cuir de vache.

CALIBAN

Ne me tourmente pas, je t'en supplie : je rentrerai
mon bois plus vite.

STÉPHANO

Il a sa crise et il divague un brin. Il va tâter de ma
bouteille ; s'il n'a jamais bu de vin, c'est capable de
faire passer sa fièvre. Que je parvienne à l'en guérir et à
l'apprivoiser, je ne demanderai pas plus cher qu'il ne
vaut, mais il faudra casquer pour l'avoir et rondement.

Il le saisit par l'épaule.

CALIBAN

Jusqu'à présent tu ne m'as guère fait de mal,
Mais ça va venir : je le sens à la tremblotte
Qui t'agite ; c'est Prospéro qui te travaille.

STEPHANO

Come on your ways: [*thrusting the bottle in his face*]
open your mouth: here is that which will give language
to you, cat; open your mouth; this will shake your
shaking, I can tell you, and that soundly... [*Caliban*
90 *drinks*] you cannot tell who's your friend; open your
chaps again.

TRINCULO

I should know that voice: It should be—but he is
drowned; and these are devils; O, defend me!

STEPHANO

Four legs and two voices; a most delicate monster... His forward voice now is to speak well of his
friend; his backward voice is to utter foul speeches,
and to detract: If all the wine in my bottle will recover
him, I will help his ague: Come... [*Caliban drinks
again*]   Amen, I will pour some in thy other mouth.

TRINCULO

100 Stephano,—

STEPHANO [*starting back*]

Doth thy other mouth call me? Mercy, mercy! This is a devil, and no monster: I will leave
him—I have no long spoon.

TRINCULO

Stephano... if thou beest Stephano, touch me, and
speak to me: for I am Trinculo; be not afeard—thy
good friend Trinculo.

STÉPHANO

Viens par ici ; ouvre la bouche : voilà qui va te donner la parole, mon chat ; ouvre la bouche ; rien de tel pour vous remettre la tremblotte d'aplomb, et comme il faut. Tu ne connais pas tes amis. Ouvre encore un coup les babines.

TRINCULO

Pour sûr, je connais cette voix ; pour sûr, c'est... non il est noyé. J'ai affaire à des démons. Oh ! A l'aide !

STÉPHANO

Quatre jambes et deux voix : c'est un monstre de choix. Sa voix de devant sera faite pour dire du bien de ses amis, sa voix de derrière pour dire du mal ou proférer des abominations. Quand tout le vin de ma bouteille y passerait, je soignerai sa fièvre. Viens... Amen, je vais t'en verser un peu dans ton autre bouche.

TRINCULO

Stéphano...

STÉPHANO

Ton autre bouche m'appelle par mon nom ? Miséricorde ! Ce n'est pas un monstre, c'est un diable. Je n'ai pas de cuiller à long manche.

TRINCULO

Stéphano, si tu es bien Stéphano, touche-moi, parlemoi ; n'aie pas peur, je suis Trinculo, ton vieux copain Trinculo.

STEPHANO

If thou beest Trinculo... [*returns*] come forth: [*grips his ankles*] I'll pull thee by the lesser legs: [*pulls and pauses*] if any be Trinculo's legs, these are they: [*spies his face*] Thou art very Trinculo, indeed: How cam'st thou to be the siege of this moon-calf? Can he vent Trinculos?

TRINCULO [*staggering to his feet*]

I took him to be killed with a thunder-stroke... But art thou not drowned, Stephano? I hope now, thou art not drowned: Is the storm over-blown? I hid me under the dead moon-calf's gaber-dine, for fear of the storm: [*fondling him foolishly*] And art thou living, Stephano? O Stephano, two Neapoli-tans 'scaped!

STEPHANO

Prithee do not turn me about, my stomach is not
[constant.

CALIBAN

These be fine things, an if they be not sprites:
That's a brave god, and bears celestial liquor:
I will kneel to him.

[*he does so.*

STEPHANO

How didst thou 'scape? How cam'st thou hither? Swear by this bottle, how thou cam'st hither... I escaped upon a butt of sack, which the sailors heaved o'er-board—by this bottle! which I made of the bark of a tree, with mine own hands, since I was cast ashore.

STÉPHANO

Si tu es Trinculo, sors de là-dessous. Je vais te tirer par les jambes les plus courtes. S'il y a ici des jambes à Trinculo, ce sont celles-là. Ma foi, tu es bel et bien Trinculo lui-même. Comment en es-tu venu à être l'excrément de ce veau de lune ? Est-ce qu'il pète des Trinculos ?

TRINCULO

Je l'ai cru foudroyé. Mais toi, n'es-tu pas noyé, Stéphano ? Ah ! j'espère bien que tu n'es pas noyé. Est-ce que l'orage est passé ? Je me suis caché sous la souquenille du veau de lune de crainte du tonnerre. Te voilà donc en vie, Stéphano ? O Stéphano, ça fait deux Napolitains sauvés !

STÉPHANO

Je t'en prie, ne me fais pas tourner comme ça, je n'ai pas l'estomac solide.

CALIBAN

Ils sont bien beaux si ce ne sont pas des esprits :
Un fier dieu et qui porte une liqueur céleste
Que celui-là ! Je m'agenouille devant lui.

Il s'agenouille.

STÉPHANO

Comment en as-tu réchappé ? Comment es-tu arrivé ici ? Jure par cette bouteille et dis-moi comment tu es arrivé ici... Moi, je m'en suis tiré grâce à un tonneau de vin d'Espagne que les matelots avaient lancé par-dessus bord — oui, par cette bouteille, que j'ai faite de mes propres mains, avec de l'écorce d'arbre, après que j'ai été jeté à la côte.

CALIBAN [*coming forward*]

I'll swear upon that bottle, to be thy true subject, for the liquor is not earthly.

STEPHANO

Here: [*offering Trinculo the bottle*] swear then how thou escapedst.

TRINCULO

Swam ashore, man, like a duck... I can swim like a duck, I'll be sworn.

STEPHANO

Here, kiss the book... [*Trinculo drinks*] Though thou canst swim like a duck, thou art made like a goose [*snatching the bottle from him*].

TRINCULO

140   O Stephano, hast any more of this?

STEPHANO

The whole butt, man. My cellar is in a rock by th' seaside, where my wine is hid... [*spies Caliban*] How now, mooncalf? how does thine ague?

CALIBAN

Hast thou not dropped from heaven?

STEPHANO

Out o'th' moon, I do assure thee... [*draining the bottle*] I was the man i'th' moon, when time was.

CALIBAN

Je veux jurer sur cette bouteille d'être ton fidèle sujet, car cette liqueur n'est pas de la terre.

STÉPHANO

Tiens *(présentant à Trinculo la bouteille)* : déclare sous la foi du serment comment tu t'en es tiré.

TRINCULO

J'ai nagé jusqu'au rivage, mon bon, comme un canard. Car je nage comme un canard, j'en fais serment.

STÉPHANO

Tiens, baise le Livre. *(Trinculo boit.)* Tu as beau nager comme un canard, tu es bâti comme une oie.

TRINCULO

Oh ! Stéphano, en as-tu d'autre ?

STÉPHANO

Tout le tonneau, mon bon. Ma cave est dans un rocher du rivage, c'est là que j'ai caché mon vin. Eh bien, veau de lune ? Comment va la fièvre ?

CALIBAN

N'es-tu pas tombé du ciel ?

STÉPHANO

De la lune, je te le garantis. J'ai été l'homme de la lune dans le temps.

CALIBAN [*bowing low*]

I have seen thee in her: and I do adore thee:
My mistress showed me thee, and thy dog, and thy
bush.

STEPHANO

150   Come, swear to that: kiss the book... I will
furnish it anon with new 'contents'... swear.

TRINCULO

By this good light, this is a very shallow monster: I
afeard of him? a very weak monster... The man i' th'
moon! a most poor credulous monster... [*as Caliban
sucks at the empty bottle*] Well drawn, monster, in good
sooth.

CALIBAN

I'll show thee every fertile inch of the island:
And I will kiss thy foot: I prithee be my god.

TRINCULO

160   By this light, a most perfidious and drunken mon-
                                                    [ster.
When's god's asleep, he'll rob his bottle.

CALIBAN

I'll kiss thy foot, I'll swear myself thy subject.

STEPHANO

Come on then: down, and swear.
                          [*Caliban kneels with his back to Trinculo.*

CALIBAN

Je t'y ai vu et je t'adore ; ma maîtresse
Te faisait voir avec ton chien et ton fagot.

STÉPHANO

Allons, fais-en serment : baise le Livre. Je le pour-
voirai tout à l'heure d'un nouveau contenu. Jure.

TRINCULO

Par cette bonne lumière, voilà un monstre bien
simplet. Et moi qui avais peur de lui ! Un monstre
singulièrement niais. L'homme de la lune ! Un pauvre
monstre tout ce qu'il y a de plus crédule. Bien
biberonné, monstre, sur ma foi !

CALIBAN

Je veux te désigner les moindres coins fertiles
Et te baiser les pieds. De grâce, sois mon dieu.

TRINCULO

Par cette lumière, c'est un monstre très perfide et
très ivrogne. Quand son dieu dormira, il lui volera sa
bouteille.

CALIBAN

Je veux te baiser les pieds et faire serment d'être ton
sujet.

STÉPHANO

Allons, viens, alors. A genoux, et jure.

TRINCULO

I shall laugh myself to death at this puppy-headed
monster: a most scurvy monster: I could find in my
heart to beat him—

STEPHANO

Come, kiss.

[*Caliban kisses his foot.*

TRINCULO

—but that the poor monster's in drink... An abominable monster!

CALIBAN

I'll show thee the best springs: I'll pluck thee berries:
170 I'll fish for thee, and get thee wood enough...
A plague upon the tyrant that I serve;
I'll bear him no more sticks, but follow thee,
Thou wondrous man.

TRINCULO

A most ridiculous monster, to make a wonder of a
poor drunkard!

CALIBAN

I prithee, let me bring thee where crabs grow;
And I with my long nails will dig thee pig-nuts;
Show thee a jay's nest, and instruct thee how
To snare the nimble marmozet: I'll bring thee
180 To clustring filberts, and sometimes I'll get thee
Young scamels from the rock: Wilt thou go with me?

STEPHANO

I prithee now, lead the way, without any more

TRINCULO

Ce monstre à tête de chiot me fera mourir de rire.
Quel triste monstre ! Si je m'écoutais, je le rosserais...

STÉPHANO

Allons, baise.

TRINCULO

Sauf qu'il est fin saoul. Quel abominable monstre !

CALIBAN

Je veux te faire voir les sources, te cueillir
Des fruits, pêcher pour toi, t'apporter tout ton bois.
La peste soit de ce tyran pour qui je peine !
Il n'aura plus de mes fagots : je te suivrai,
Merveilleux homme !

TRINCULO

Le ridicule monstre qui fait une merveille d'un
pauvre ivrogne !

CALIBAN

Laisse-moi te conduire aux pommiers sauvages,
Te déterrer des truffes grâce à mes longs ongles,
Te faire voir un nid de geai, te montrer comme
On piège le vif marmouset, te mener là
Où l'aveline pend en grappe, et dans le creux
Du roc te dénicher de petites mouettes.
Viendras-tu avec moi ?

STÉPHANO

Ouvre la marche, s'il te plaît, sans plus jaser.

talking... Trinculo, the king and all our company
else being drowned, we will inherit here: [*to Caliban*]
Here; bear my bottle: [*clutching at Trinculo's arm*]
Fellow Trinculo; we'll fill him by and by again.

CALIBAN ['*sings drunkenly*']

Farewell master; farewell, farewell.

TRINCULO

A howling monster: a drunken monster.

CALIBAN

No more dams I'll make for fish,
    Nor fetch in firing
    At requiring,
Nor scrape trenchering, nor wash dish,
    'Ban 'Ban, Ca-Caliban
    Has a new master—get a new man.
Freedom, high-day! high-day, freedom! freedom,
                                    [highday-freedom!

STEPHANO

O brave monster; lead the way.

                                                [they reel off.

Trinculo, puisque le roi est noyé avec toute la compagnie, nous héritons ces lieux. Tiens, porte la bouteille. Camarade Trinculo, nous la remplirons de nouveau tout à l'heure.

CALIBAN, '*chantant d'une voix avinée*'.

Adieu, mon maître, adieu, adieu !

TRINCULO

Quel braillard de monstre ! Quel soûlard de monstre !

CALIBAN

Je ne ferai plus de barrages
    A prendre les poissons,
Je n'irai plus chercher de bois,
Je ne raclerai plus les plats
    A ton commandement.
    Ban-ban, Ca-caliban
    A pris un nouveau maître :
Trouve un nouvel homme de peine.
Liberté, hourra ! Hourra, liberté ! Liberté ! Hourra,
                                        [liberté !

STÉPHANO

O le fier monstre ; ouvre la marche.

                                        Ils sortent.

ACTE III

Before Prospero's cell.

'FERDINAND, *bearing a log.*'

FERDINAND

There be some sports are painful; and their labour
Delight in them sets off: some kinds of baseness
Are nobly undergone; and most poor matters
Point to rich ends... This my mean task
Would be as heavy to me as odious, but
The mistress which I serve quickens what's dead,
And makes my labours—pleasures... O, she is
Ten times more gentle than her father's crabbed;
And he's composed of harshness... [*he sits*] I must
                         [remove
10 Some thousands of these logs, and pile them up,
Upon a sore injunction; my sweet mistress
Weeps, when she sees me work, and says, such
                         [baseness
Had never like executor... [*rising to continue*] I
                         [forget...
But these sweet thoughts do even refresh my labours—
Most busie lest, when I doe it.

        Miranda comes from the cave; Prospero, behind
        her, stands at the door, unseen.

SCÈNE PREMIÈRE

Devant la cellule de Prospéro.

FERDINAND, '*portant une bûche*'.

FERDINAND

Il est des jeux époumonants, mais où la peine
Rehausse le plaisir ; des humiliations
Que l'on endure avec noblesse et des misères
Qui mènent à de riches fins. Ma vile tâche
Me semblerait aussi pesante qu'odieuse
Si la maîtresse que je sers ne donnait vie
A l'inerte et de mes peines ne faisait joie.
Oh ! elle est cent fois plus aimable que son père
N'est hargneux, or il est la rudesse faite homme.
Je dois, pour obéir à son ordre sévère,
Transporter, empiler ces bûches par milliers.
Ma très chère maîtresse, à me voir besogner,
Pleure et va protestant qu'une tâche aussi vile
N'eut jamais pareil ouvrier. Ah ! je m'oublie.
Mais ces douces pensées délassent mes fatigues
Et ne m'occupent jamais tant que désœuvré.

Entrent Miranda et, à quelque distance, Pros-
péro invisible.

MIRANDA

                              Alas, now pray you,
Work not so hard: I would, the lightning had
Burnt up those logs that you are enjoined to pile:
Pray, set it down, and rest you: when this burns,
'Twill weep for having wearied you. . .   My father
20 Is hard at study; pray now, rest yourself—
He's safe for these three hours.

FERDINAND

                         O most dear mistress,
The sun will set before I shall discharge
What I must strive to do.

MIRANDA

                    If you'll sit down,
I'll bear your logs the while: pray give me that,
I'll carry it to the pile.

FERDINAND

                    No, precious creature,—
I had rather crack my sinews, break my back,
Than you should such dishonour undergo,
While I sit lazy by.

MIRANDA

                    It would become me
As well as it does you; and I should do it
30 With much more ease: for my good will is to it,
And yours it is against.

(PROSPERO

                    Poor worm thou art infected,
This visitation shows it.

MIRANDA

Oh ! ne travaillez pas si dur, je vous en prie.
Je voudrais que la foudre eût consumé ce bois
Qu'il vous faut empiler ainsi. Laissez cela,
Reposez-vous. Quand ces bûches seront en flammes,
On les verra pleurer de vous avoir lassé.
Mon père est absorbé dans l'étude ; de grâce,
Reposez-vous, je vous en prie, car pour trois heures
Il ne bougera point.

FERDINAND

                    O très chère maîtresse,
Il fera nuit avant que je ne vienne à bout
De la tâche qui m'est prescrite.

MIRANDA

                              Asseyez-vous :
Je manierai vos bûches cependant. Tenez,
Voulez-vous me donner celle-ci, que je l'aille
Porter au tas ?

FERDINAND

            Non point, exquise créature.
Je me romprais plutôt les muscles ou l'échine
Que de vous voir souffrir un pareil déshonneur,
Tout en restant assis auprès, à ne rien faire.

MIRANDA

La besogne me conviendrait tout comme à vous
Et me serait bien plus légère : j'y mettrais
Mon cœur, moi, au lieu que le vôtre n'y est point.

PROSPÉRO, *à part.*

Hé, tu as pris le mal, mon pauvre vermisseau :
Cette visite me l'apprend.

MIRANDA

You look wearily.

FERDINAND

No, noble mistress, 'tis fresh morning with me
When you are by at night: I do beseech you—
Chiefly that I might set it in my prayers—
What is your name?

MIRANDA

Miranda,—O my father,
I have broke your hest to say so!

FERDINAND

Admired Miranda,
Indeed, the top of admiration, worth
What's dearest to the world... Full many a lady
40 I have eyed with best regard, and many a time
Th' harmony of their tongues hath into bondage
Brought my too diligent ear: for several virtues
Have I liked several women—never any
With so full soul, but some defect in her
Did quarrel with the noblest grace she owed,
And put it to the foil... But you, O you,
So perfect, and so peerless, are created
Of every creature's best.

MIRANDA

I do not know
One of my sex; no woman's face remember,
50 Save, from my glass, mine own: nor have I seen
More that I may call men than you, good friend,
And my dear father: how features are abroad,
I am skilless of; but, by my modesty—

                                                    [faltering.

MIRANDA

Vous semblez las.

FERDINAND

Que non point, ma noble maîtresse. Vous présente,
Ce m'est un frais matin que le soir. Mais, de grâce,
Dites-moi (c'est pour l'enchâsser en mes prières)
Votre nom.

MIRANDA

Miranda... ô mon père, en ceci
J'enfreins tes ordres !

FERDINAND

Admirable Miranda,
Vraie cime de l'admiration, toi qui égales
Le plus précieux trésor du monde, j'ai lorgné
Maintes femmes d'un œil complaisant, maintes fois
Leur langue harmonieuse a réduit en servage
Mon oreille trop attentive ; j'ai chéri
Pour leurs maintes séductions maintes maîtresses ;
Jamais pourtant d'un cœur si entier qu'en elles
Je laissasse de voir quelque défaut combattre
Et désarmer le plus fier de leurs attraits.
Mais toi, ô toi l'incomparable, la parfaite,
C'est la meilleure part de chaque créature
Qui fut prise pour te créer !

MIRANDA

Je ne connais
Personne de mon sexe et je n'ai souvenance
D'aucun visage féminin, hormis celui
Que me présente mon miroir, ni n'ai-je vu
Encore, à qui je puisse accorder le nom d'homme,
Que toi, mon doux ami, outre mon très cher père.
Ailleurs qu'ici, comment est-on fait, je l'ignore,

The jewel in my dower—I would not wish
Any companion in the world but you. . .
Nor can imagination form a shape,
Besides yourself, to like of. . .   But I prattle
Something too wildly, and my father's precepts
I therein do forget.

FERDINAND

             I am, in my condition,
60 A prince—Miranda—I do think, a king,
(I would, not so!) and would no more endure
This wooden slavery, than to suffer
The flesh-fly blow my mouth. . .   Hear my soul
                              [speak. . .
The very instant that I saw you, did
My heart fly to your service, there resides
To make me slave to it, and for your sake
Am I this patient log-man.

MIRANDA

                  Do you love me?

FERDINAND

O heaven. . .   O earth, bear witness to this sound,
And crown what I profess with kind event
70 If I speak true. . . if hollowly, invert
What best is boded me to mischief. . .   I,
Beyond all limit of what else i'th' world,
Do love, prize, honour you.

MIRANDA

                   I am a fool
To weep at what I am glad of.

(PROSPERO

                      Fair encounter

Mais par ma pudeur, le joyau de mon douaire,
Je ne saurais désirer d'autre compagnon
Que toi dans tout le monde, ou même concevoir
Une forme quelconque, hors la tienne, à aimer...
Mais je babille à l'étourdie, c'est oublier
Les conseils de mon père.

FERDINAND

     De ma condition.
Miranda, je suis prince, roi peut-être, hélas !
Et, partant, aussi peu enclin à tolérer
Cette abjecte corvée de bois qu'à supporter
La mouche à viande corruptrice sur ma lèvre.
Entends mon âme qui te parle : à l'instant même
Où je te vis, mon cœur, volant à ton service,
S'y fixa, dès lors ton esclave : c'est pour toi
Que je suis ce patient porte-bûches.

MIRANDA

      Tu m'aimes ?

FERDINAND

O terre ! O cieux ! Soyez en ceci mes témoins,
Couronnez mes aveux d'une heureuse fortune
Si je dis vrai ; sinon, changez en sort funeste
Le meilleur qui me doive échoir ! Par-dessus tout
Au monde, par-delà tout extrême, je t'aime,
Je te révère, je t'honore.

MIRANDA

     Quelle sotte
Je suis d'ainsi pleurer de ce qui fait ma joie !

PROSPÉRO, à part.

Précieuse rencontre entre deux cœurs si rares ;

Of two most rare affections: heavens rain grace
On that which breeds between 'em!

FERDINAND

Wherefore weep you?

MIRANDA

At mine unworthiness, that dare not offer
What I desire to give; and much less take
What I shall die to want... But this is trifling—
80 And all the more it seeks to hide itself,
The bigger bulk it shows... Hence bashful cunning,
And prompt me plain and holy innocence...
I am your wife, if you will marry me;
If not, I'll die your maid: to be your fellow
You may deny me, but I'll be your servant,
Whether you will or no.

FERDINAND [*kneeling*]

My mistress,—dearest!
And I thus humble ever.

MIRANDA

My husband then?

FERDINAND

Ay, with a heart as willing
As bondage e'er of freedom: here's my hand.

MIRANDA

90 And mine, with my heart in't; and now farewell
Till half an hour hence.

Puisse-t-il choir du ciel une averse de grâces
Sur ce qui naît entre eux !

FERDINAND

Pourquoi pleurer ?

MIRANDA

Je pleure
Ah ! de ma propre indignité qui n'ose offrir
Ce que j'ai désir de donner, et moins encore
Prendre ce dont je vais mourir si l'on m'en prive.
Mais pourquoi ces fioritures ? Ce que je cherche
A cacher n'en devient que plus flagrant. Arrière,
Ruse timide ! Viens, simple et sainte candeur !
Voulez-vous de moi pour épouse, me voici ;
Autrement je mourrai votre servante, car
Vous pouvez bien me refuser comme compagne,
Mais comme servante, non pas !

FERDINAND, *s'agenouillant.*

Ma maîtresse très chère... devant qui toujours
Je veux être à genoux !

MIRANDA

Mon époux donc ?

FERDINAND

Oui certes ;
D'aussi grand cœur que jamais esclave épousa
La liberté. Voici ma main.

MIRANDA

Voici la mienne,
Avec mon cœur dedans. Et maintenant, adieu
Pour une demi-heure.

FERDINAND

A thousand! thousand!

[Miranda pursues her way: Ferdinand goes to
fetch more logs.

PROSPERO

So glad of this as they I cannot be,
Who are surprised with all; but my rejoicing
At nothing can be more... I'll to my book,
For yet, ere supper time, must I perform
Much business appertaining.

[he turns back into his cell.

[III, 2.]

A cove by the sea: on one side the land slopes gently down to the shore, on
the other are cliffs with a little cave

STEPHANO, TRINCULO *and* CALIBAN *sit by the entrance to*
the cave, drinking.

STEPHANO

Tell not me—when the butt is out we will drink
water, not a drop before; therefore bear up, and board
'em.   Servant-monster, drink to me.

TRINCULO

Servant-monster! *[pledges Stephano]* The folly of this
island!   They say there's but five upon this isle; we
are three of them—if th'other two be brained like us,
the state totters.

STEPHANO

Drink servant-monster when I bid thee.   Thy eyes
are almost set in thy head.

FERDINAND

Un millier d'au-revoir !

Ils sortent séparément, Ferdinand retournant à ses bûches.

PROSPÉRO

Leur joie passe la mienne : tout leur est surprise ;
Mais rien ne pouvait m'inspirer plus d'allégresse.
Retournons à notre livre, car il nous reste
Bien des choses à faire d'ici le souper.

Il rentre dans la grotte.

SCÈNE II

Une autre partie de l'île.

Entrent STÉPHANO, TRINCULO *et* CALIBAN.

STÉPHANO

Ne me dis pas ça à moi : nous boirons de l'eau quand le tonneau sera vide ; avant, pas une goutte. Ainsi donc, laisse arriver et puis à l'abordage ! Monstre-servant, bois à ma santé.

TRINCULO

Monstre-servant ! La folie de cette île ! On dit qu'il n'y a dessus que cinq habitants, dont nous trois. Si les deux autres ont la cervelle comme nous, la république titube.

STÉPHANO

Bois quand je te l'ordonne, monstre-servant. Tu as les yeux quasiment chevillés dans le visage.

TRINCULO

10   Where should they be set else? he were a brave
monster indeed, if they were set in his tail.

STEPHANO

My man-monster hath drowned his tongue in sack:
for my part, the sea cannot drown me—I swam, ere I
could recover the shore, five-and-thirty leagues, off
and on.   By this light thou shalt be my lieutenant,
monster, or my standard.

TRINCULO

Your lieutenant if you list—he's no standard.

STEPHANO

We'll not run, Monsieur Monster.

TRINCULO

Nor go neither: but you'll lie, like dogs, and yet say
20 nothing neither.

STEPHANO

Moon-calf, speak once in thy life, if thou beest a
good moon-calf.

CALIBAN

How does thy honour?   Let me lick thy shoe: I'll
not serve him, he is not valiant.

TRINCULO

Où donc devrait-il les avoir ? Ce serait un fameux monstre en vérité s'il les avait chevillés dans la queue.

STÉPHANO

Mon monstre domestique a noyé sa langue dans le vin d'Espagne. Quant à moi, la mer elle-même ne peut pas me noyer : j'ai nagé, avant de parvenir à rattraper la côte, trente-cinq lieues en tout. Par cette lumière, tu seras mon lieutenant, monstre, ou mon porte-étendard.

TRINCULO

Plutôt ton lieutenant : il ne peut même pas se porter lui-même.

STÉPHANO

Nous ne détalerons pas devant l'ennemi, monsieur le monstre.

TRINCULO

Non, vous vous étalerez dans la poussière, comme des chiens, et vous y tiendrez cois.

STÉPHANO

Veau de lune, parle une fois dans ta vie si tu es un bon veau de lune.

CALIBAN

Comment se porte Ta Seigneurie ? Laisse-moi lécher ton soulier. Quant à lui, je ne le servirai pas, c'est un lâche.

TRINCULO

Thou liest, most ignorant monster, I am in case to
justle a constable: Why, thou deboshed fish thou, was
there ever a man a coward, that hath drunk so much
sack as I to-day?   Wilt thou tell a monstrous lie, being
but half a fish, and half a monster?

CALIBAN

30   Lo, how he mocks me! wilt thou let him, my lord?

TRINCULO

'Lord,' quoth he! that a monster should be such a
natural!

CALIBAN

Lo, lo, again! bite him to death, I prithee.

STEPHANO

Trinculo, keep a good tongue in your head: if you
prove a mutineer,—the next tree!   The poor monster's my subject, and he shall not suffer indignity.

CALIBAN

I thank my noble lord...   Wilt thou be pleased
To hearken once again to the suit I made to thee?

STEPHANO

Marry will I: kneel and repeat it.   I will stand, and
40   so shall Trinculo.

> [*Caliban kneels, Stephano and Trinculo totter to
> their feet.*
> '*Enter Ariel, invisible.*'

TRINCULO

Tu en as menti, monstre ignare : je suis prêt à
bousculer un constable. Poisson corrompu que tu es,
as-tu jamais vu reculer un homme qui a bu autant de
vin d'Espagne que je l'ai fait en ce jour ? Vas-tu
proférer un mensonge monstre, toi qui es à moitié
monstre et à moitié poisson ?

CALIBAN

Ha, comme il me raille ! Monseigneur, vas-tu le
laisser faire ?

TRINCULO

Il lui donne du seigneur ! Un monstre être à ce point
demeuré [16] !

CALIBAN

Encore ! Ah ! mords-le à mort, je t'en prie.

STÉPHANO

Surveille ta langue, Trinculo ; si tu fais le mutin, au
premier arbre ! Ce pauvre monstre est mon sujet : il
n'essuiera pas d'avanies.

CALIBAN

Noble maître, sois remercié ! Daigneras-tu
Écouter une fois encore ma supplique ?

STÉPHANO

Parbleu, je le veux bien. Agenouille-toi et répète. Je
me mettrai debout et Trinculo aussi

Caliban s'agenouille.
Ils se lèvent en chancelant.
'Entre Ariel, invisible.'

CALIBAN

As I told thee before, I am subject to a tyrant—
A sorcerer, that by his cunning hath
Cheated me of the island.

ARIEL

Thou liest.

CALIBAN [*turning on Trinculo*]

Thou liest, thou jesting monkey, thou:
I would, my valiant master would destroy thee...
I do not lie.

STEPHANO

Trinculo, if you trouble him any more in's tale, by
this hand, I will supplant some of your teeth.

TRINCULO

Why, I said nothing.

STEPHANO

50   Mum then, and no more: [*to Caliban*] Proceed.

CALIBAN

I say, by sorcery, he got this isle—
From me he got it... If thy greatness will
Revenge it on him—for I know thou dar'st,
But this thing dare not—

STEPHANO

That's most certain.

CALIBAN

Comme déjà je te l'ai dit, je suis soumis
A ce tyran, à ce sorcier, qui par ses ruses
M'a volé cette île.

ARIEL

Tu mens !

CALIBAN

C'est toi qui mens, singe à grimaces que tu es !
Je voudrais que mon vaillant maître t'extermine.
Non, je n'ai pas menti.

STÉPHANO

Trinculo, si tu l'entraves encore dans son récit, par
cette main je te déchausse quelques dents.

TRINCULO

Mais je n'ai rien dit !

STÉPHANO

Motus, et n'y reviens pas. Toi, poursuis.

CALIBAN

Je disais qu'il a eu cette île par magie,
Qu'il me l'a dérobée. Si Ta Magnificence
Veut me venger — car tu l'oseras, j'en suis sûr
Alors que celui-là reculerait...

STÉPHANO

Fort juste.

CALIBAN

Thou shalt be lord of it, and I will serve thee.

STEPHANO

How now shall this be compassed? Canst thou
bring me to the party?

CALIBAN

Yea, yea, my lord, I'll yield him thee asleep,
Where thou mayst knock a nail into his head.

ARIEL

60   Thou liest, thou canst not.

CALIBAN

What a pied ninny's this! Thou scurvy patch...
I do beseech thy greatness, give him blows,
And take his bottle from him: when that's gone,
He shall drink nought but brine, for I'll not show him
Where the quick freshes are.

STEPHANO

Trinculo, run into no further danger: Interrupt the
monster one word further, and, by this hand, I'll turn
my mercy out of doors, and make a stock-fish of thee.

TRINCULO

Why, what did I? I did nothing: I'll go further off.

STEPHANO

70   Didst thou not say he lied?

CALIBAN

Tu en seras le maître et je te servirai.

STÉPHANO

Mais comment combiner la chose ? Peux-tu me
mener à l'intéressé ?

CALIBAN

Oui bien : je te le livrerai tout endormi :
Tu pourras lui ficher un clou dans la cervelle.

ARIEL

Tu mens. Tu ne peux rien de tel.

CALIBAN

Jean-foutre bariolé ! Rapiéci-rapiéça [17] !
J'en supplie Ta Magnificence, rosse-le
Et prive-le de sa bouteille : cela fait
Il en sera réduit à l'eau saumâtre, car
Je ne lui dirai pas où sont les sources vives.

STÉPHANO

Trinculo, ne t'expose pas à de nouveaux périls. Si tu
interromps encore le monstre d'un mot, par cette main
je congédie ma miséricorde et t'aplatis comme une
morue.

TRINCULO

Mais qu'ai-je fait ? Je n'ai rien fait ! Je m'en vais un
peu plus loin.

STÉPHANO

N'as-tu pas dit qu'il mentait ?

ARIEL

Thou liest.

STEPHANO

Do I so? take thou that [*strikes him*]. As you like this,
give me the lie another time.

TRINCULO

I did not give the lie: Out of your wits, and hearing
                                                    [too?
A pox o'your bottle! this can sack, and drinking do:
a murrain on your monster, and the devil take your
fingers!

CALIBAN

Ha, ha, ha!

STEPHANO

80 Now, forward with your tale. . .
Prithee stand further off.

                                        [*threatening Trinculo.*

CALIBAN

Beat him enough: after a little time,
I'll beat him too.

STEPHANO

Stand further: Come, proceed.

CALIBAN

Why, as I told thee, 'tis a custom with him
I'th'afternoon to sleep: there thou mayst brain him,

ARIEL

Tu mens.

STÉPHANO

Je mens ? Attrape ça ! *(Battant Trinculo.)* Si c'est de
ton goût, donne-moi encore le démenti.

TRINCULO

Le démenti ? As-tu perdu la tête et l'ouïe ?
La peste soit de ta bouteille ! Voilà donc
L'œuvre du vin d'Espagne et de l'ivrognerie.
Que ton monstre attrape la vérole et que le Diable te
patafiole !

CALIBAN

Ha, ha, ha !

STÉPHANO

Poursuis maintenant ton histoire...
Et toi, au large, s'il te plaît.

CALIBAN

Rosse-le comme il faut. Dans un petit moment,
Je le rosserai à mon tour.

STÉPHANO

Au large ! Toi, poursuis.

CALIBAN

Comme je te l'ai dit, il a pour habitude
De faire un somme après dîner : c'est le moment
De lui écraser la cervelle, mais d'abord

Having first seized his books: or with a log
Batter his skull, or paunch him with a stake,
Or cut his wezand with thy knife... Remember,
First to possess his books; for without them
90 He's but a sot, as I am; nor hath not
One spirit to command: they all do hate him,
As rootedly as I... Burn but his books.
He has brave utensils—for so he calls them—
Which, when he has a house, he'll deck withal...
And that most deeply to consider, is
The beauty of his daughter... he himself
Calls her a nonpareil: I never saw a woman,
But only Sycorax my dam, and she;
But she as far surpasseth Sycorax,
100 As great'st does least.

STEPHANO

Is it so brave a lass?

CALIBAN

Ay lord, she will become thy bed, I warrant,
And bring thee forth brave brood.

STEPHANO

Monster, I will kill this man: His daughter and I will
be king and queen—save our graces... and Trinculo
and thyself shall be viceroys... Dost thou like the plot,
Trinculo?

TRINCULO

Excellent.

STEPHANO

Give me thy hand—I am sorry I beat thee: but,
while thou liv'st, keep a good tongue in thy head.

Prends-lui ses livres. Puis, à l'aide d'une bûche
Défonce-lui le crâne, ou l'éventre d'un pieu
Ou lui tranche le sifflet de ton coutelas,
Mais n'oublie pas que la première chose à faire
Est de lui dérober ses livres, sans lesquels
Il n'est qu'un nigaud comme moi, car il n'a plus
Un seul esprit à commander : tous le haïssent
Aussi foncièrement que moi. Brûle ses livres.
Il a de beaux ustensiles, comme il les nomme,
Dont il compte orner sa maison dans l'avenir,
Mais ce qui vaut par-dessus tout qu'on s'y arrête,
Seigneur, c'est la beauté de sa fille. Lui-même
La tient pour nonpareille ; hors elle, je n'ai vu
En fait de femme que ma mère Sycorax,
Mais celle-ci la passe autant que le très grand
Le tout petit.

STÉPHANO

Est-elle donc si belle fille ?

CALIBAN

Que oui ! Elle sera l'ornement de ta couche,
Je t'assure, et te donnera de beaux enfants.

STÉPHANO

Monstre, je tuerai cet homme. Sa fille et moi, nous
serons roi et reine. Vive Nos Majestés ! Toi et Trinculo, vous serez vice-rois. Le plan te va-t-il, Trinculo ?

TRINCULO

Excellemment.

STÉPHANO

Ta main. Je regrette de t'avoir battu. Mais surveille
ta langue, aussi longtemps que tu vivras.

CALIBAN

110   Within this half hour will he be asleep.
Wilt thou destroy him then?

STEPHANO

Ay, on mine honour.

(ARIEL

This will I tell my master.

CALIBAN

Thou mak'st me merry: I am full of pleasure,
Let us be jocund. . .   Will you troll the catch
You taught me but while-ere?

STEPHANO

At thy request, monster, I will do reason, any
reason. Come on, Trinculo, let us sing.

['*sings*'.

Flout'em, and cout'em: and scout'em, and flout'em,
Thought is free.

CALIBAN

120   That's not the tune.

'*Ariel plays the tune on a tabor and pipe.*'

STEPHANO

What is this same?

TRINCULO [*staring about him*]

This is the tune of our catch, played by the picture
of Nobody.

CALIBAN

Dans une demi-heure il sera endormi :
Veux-tu l'anéantir alors ?

STÉPHANO

Oui, ma parole.

ARIEL, *à part.*

Je conterai ceci à mon maître.

CALIBAN

Ah ! tu me mets en joie. Je déborde de liesse.
Réjouissons-nous ! Veux-tu pas chanter le canon
Que tu m'as appris tout à l'heure ?

STÉPHANO

A ta requête, monstre, je veux satisfaire, de tous
points satisfaire. Viens, Trinculo, chantons :
        Qu'on les fouaille : fouaille, fouaille !
        Qu'on les raille : gouaille, gouaille !
        Chacun est libre en pensée.

CALIBAN

Ce n'est pas l'air.
                    'Ariel joue l'air sur un tambourin et un pipeau.'

STÉPHANO

Qu'est-ce que c'est que ça ?

TRINCULO

C'est l'air de notre chanson joué par le portrait de
Sans-corps.

STEPHANO [*shakes his fist*]

If thou beest a man, show thyself in thy likeness: if
thou beest a devil, take't as thou list.

TRINCULO [*maudlin*]

O forgive me my sins!

STEPHANO

He that dies, pays all debts: I defy thee; [*his courage
suddenly ebbing*] Mercy upon us!

CALIBAN

Art thou afeard?

STEPHANO

130   No, monster, not I.

CALIBAN

Be not afeard—the isle is full of noises,
Sounds, and sweet airs, that give delight and hurt not:
Sometimes a thousand twangling instruments
Will hum about mine ears; and sometime voices,
That, if I then had waked after long sleep,
Will make me sleep again—and then, in dreaming,
The clouds methought would open, and show riches
Ready to drop upon me, that when I waked
I cried to dream again.

STEPHANO

140   This will prove a brave kingdom to me, where I shall
have my music for nothing.

CALIBAN

When Prospero is destroyed.

STÉPHANO

Si tu es un homme, montre-toi sous ta vraie figure.
Si tu es un démon, prends celle que tu voudras.

TRINCULO

Oh ! pardonnez-moi mes péchés !

STÉPHANO

Qui meurt paye toutes ses dettes. Je te défie... Ah,
miséricorde !

CALIBAN

As-tu peur ?

STÉPHANO

Non, non, monstre, non pas.

CALIBAN

Sois sans crainte : cette île est pleine de rumeurs,
De bruits, d'airs mélodieux qui charment sans nuire.
Tantôt ce sont mille instruments qui vibrent, qui
Bourdonnent à mes oreilles. Tantôt des voix,
Alors même que je m'éveille d'un long somme,
M'endorment à nouveau pour me montrer en songe
Dans les nuées qui s'entrebâillent, des trésors
Prêts à m'échoir, tant et si bien qu'à mon réveil
Je supplie de rêver encore.

STÉPHANO

Cela me fera un fameux royaume : j'aurai ma
musique pour rien.

CALIBAN

Quand Prospéro sera détruit.

STEPHANO

That shall be by and by: I remember the story.

TRINCULO

The sound is going away.   Let's follow it, and after
do our work.

STEPHANO

Lead monster, we'll follow: I would I could see this
taborer—he lays it on.

TRINCULO

Wilt come?   I'll follow, Stephano.

[they follow Ariel up the cave.

[III, 3.]

*The lime-grove above Prospero's cave,
close to the summit of the cliff*

ALONSO *and his train, tired and dejected, wend their way
through the trees;* GONZALO *lags behind.*

GONZALO

By'r lakin, I can go no further, sir.
My old bones ache: here's a maze trod, indeed,
Through forth-rights and meanders: by your patience,
I needs must rest me.

ALONSO

Old lord, I cannot blame thee,

STÉPHANO

Ce sera fait bientôt : je me rappelle l'histoire.

TRINCULO

Le son s'éloigne. Suivons-le, nous ferons ensuite notre besogne.

STÉPHANO

Ouvre la marche, monstre, nous suivrons. Je voudrais bien voir ce tambourineur, il en met un drôle de coup.

TRINCULO

Viens-tu ? Je te suis, Stéphano.

Ils sortent.

SCÈNE III

Une autre partie de l'île.

Entrent ALONSO, SÉBASTIEN, ANTONIO, GONZALO, ADRIEN, FRANCISCO, *etc.*

GONZALO

Sire, je ne puis plus mettre un pied devant l'autre,
Par Notre-Dame ! Mes vieux os sont douloureux.
Tous ces tours et détours font un vrai labyrinthe.
Ne vous déplaise, il faut que je souffle.

ALONSO

                                    Comment
Te blâmerais-je, vieux seigneur, lorsque moi-même

Who am myself attached with weariness,
To th' dulling of my spirits: Sit down, and rest...

[Alonso, Gonzalo, Adrian and Francisco seat
themselves.

Even here I will put off my hope, and keep it
No longer for my flatterer: he is drowned
Whom thus we stray to find, and the sea mocks
10 Our frustrate search on land... well, let him go.

(ANTONIO [*standing, with Sebastian,*
apart from the rest]

I am right glad that he's so out of hope:
Do not, for one repulse, forego the purpose
That you resolved t'effect.

(SEBASTIAN

                    The next advantage
Will we take throughly.

(ANTONIO

                    Let it be to-night,
For, now they are oppressed with travel, they
Will not, nor cannot, use such vigilance
As when they are fresh.

(SEBASTIAN

                    I say, to-night: no more.

'Solemn and strange music: and Prospero on the
top, invisible.'

ALONSO

What harmony is this? my good friends, hark!

Je suis recru au point de choir dans l'hébétude ?
Assieds-toi donc et te repose. C'est ici
Que je congédierai mon espoir, sans plus ouïr
Ses flatteries : il est noyé, celui qu'ainsi
Nous cherchons par monts et par vaux. La mer se rie
De notre vaine quête à terre. Qu'il s'éloigne...

ANTONIO, *à part.*

Je suis ravi qu'il ait à ce point répudié
Tout espoir. N'abandonnez pas votre entreprise
Pour un échec.

SÉBASTIEN, *à part.*

La première occasion propice
Sera utilisée à fond.

ANTONIO, *à part.*

Disons ce soir :
Appesantis comme ils le sont, ils n'auront guère
La force ni le cœur de veiller comme s'ils
Étaient dispos.

SÉBASTIEN, *à part.*

Ce soir, c'est entendu. Suffit.

'*Musique étrange et solennelle ; en haut, Prospéro invisible.*'

ALONSO

Quelle est cette musique ? Écoutez mes amis.

GONZALO

Marvellous sweet music!

> '*Enter several strange shapes, bringing in a
> banquet; and dance about it with gentle actions
> of salutation; and, inviting the king, etc. to eat,
> they depart.*'

ALONSO

20 Give us kind keepers, heavens: what were these?

SEBASTIAN

A living drollery: now I will believe
That there are unicorns: that in Arabia
There is one tree, the phœnix' throne, one phœnix
At this hour reigning there.

ANTONIO

             I'll believe both:
And what does else want credit, come to me,
And I'll be sworn 'tis true: travellers ne'er did lie,
Though fools at home condemn'em.

GONZALO

                If in Naples
I should report this now, would they believe me?
If I should say, I saw such islanders,—
30 For, certes, these are people of the island,
Who, though they are of monstrous shape, yet note
Their manners are more gentle-kind, than of
Our human generation you shall find
Many, nay, almost any.

(PROSPERO

             Honest lord,
Thou hast said well: for some of you there present. . .
Are worse than devils.

GONZALO

La suave, la merveilleuse mélodie !

> *'Entrent plusieurs formes singulières, apportant*
> *un banquet ; elles dansent alentour avec de*
> *gracieuses salutations et, invitant le roi et sa suite*
> *à manger, s'en vont.'*

ALONSO

Ciel, mandez-nous de bons anges ! Qu'avons-nous vu ?

SÉBASTIEN

De vivantes marionnettes. Je croirai
Aux licornes dorénavant et qu'il existe
Un arbre d'Arabie dont fait toujours son trône
Un unique phénix.

ANTONIO

                Je crois à l'un et l'autre
Et si quelque prodige est en mal de créance,
Qu'on vienne à moi : je suis prêt à le garantir
Sous serment. Quoi qu'en aient les sots casaniers,
Jamais les voyageurs n'ont menti.

GONZALO

                Si à Naples
Je rapportais ceci, dites, me croirait-on ?
Si je contais : j'ai rencontré tels insulaires
— Car, certes, ce sont là des habitants de l'île —
Qui, si monstres qu'ils soient, ont meilleures façons
Et, ma foi, sont plus gracieux que bien des gens,
Oui da, que la plupart des hommes.

PROSPÉRO, *à part.*

                Tu dis vrai,
Honnête Gonzalo, car certains d'entre vous
Sont pires que démons.

ALONSO

I cannot too much muse
Such shapes, such gesture, and such sound, expres-
[sing—
Although they want the use of tongue—a kind
Of excellent dumb discourse.

(PROSPERO [*smiling grimly*]

Praise in departing.

FRANCISCO

40 They vanished strangely.

SEBASTIAN

No matter, since
They have left their viands behind; for we have
[stomachs...
[*Sebastian surveys the banquet hungrily.*
Will't please you taste of what is here?

ALONSO

Not I.

GONZALO

Faith, sir, you need not fear... When we were boys,
Who would believe that there were mountaineers,
Dew-lapped like bulls, whose throats had hanging
[at'em
Wallets of flesh? or that there were such men
Whose heads stood in their breasts? which now we find
Each putter-out of five for one will bring us
Good warrant of.

ALONSO

Je reste émerveillé
De ces formes, de leur mimique et de leurs sons
Qui composaient, bien qu'ils fussent privés de langue,
Un excellent discours muet.

PROSPÉRO, *à part.*

Attends la fin
Avant que de louer.

FRANCISCO

Ils se sont éclipsés
D'étrange sorte.

SÉBASTIEN

Bah ! Dès lors qu'ils ont laissé
Leur festin derrière eux... car nous avons des ventres.
Vous plaît-il y goûter ?

ALONSO

Non certes !

GONZALO

Ma foi, sire,
Vous n'avez pas lieu d'avoir peur. Dans notre enfance,
Nul n'aurait cru qu'il existait des montagnards
A fanons de taureau, dont la gorge pendait
Comme une bourse, ou bien des hommes dont la tête
Était plantée dans leur poitrine, et maintenant
Quiconque attend d'un voyage ses cinq pour un[18]
Vous le garantira.

ALONSO

I will stand to, and feed,
50 Although my last—no matter, since I feel
The best is past... Brother: my lord the duke,
Stand to and do as we.

> [*Alonso, Sebastian and Antonio seat themselves.
> Thunder and lightning. Enter Ariel like a
> harpy; claps hiswings upon the table, and, with
> a quaint device, the banquet vanishes.'*

ARIEL

You are three men of sin, whom destiny,
That hath to instrument this lower world
And what is in't, the never-surfeited sea
Hath caused to belch up—yea, and on this island,
Where man doth not inhabit, you 'mongst men
Being most unfit to live: [*the three draw their swords*] I
                                   [have made you mad;
And even with such-like valour men hang and drown
60 Their proper selves: [*they make to attack, but are
     charmed from moving*] You fools! I and my fellows
Are ministers of fate.   The elements,
Of whom your swords are tempered, may as well
Wound the loud winds, or with bemocked-at stabs
Kill the still-closing waters, as diminish
One dowle that's in my plume: My fellow-ministers
Are like invulnerable: if you could hurt,
Your swords are now too massy for your strengths,
And will not be uplifted... But, remember
(For that's my business to you!) that you three
From Milan did supplant good Prospero;
70 Exposed unto the sea—which hath requit it!—
Him, and his innocent child: for which foul deed
The powers, delaying, not forgetting, have

ALONSO

                Je veux me mettre à table
Et manger, oui, quand bien même ce devrait être
Pour la dernière fois. Qu'importe, le meilleur
Est passé, je le sens... Monsieur le Duc, mon frère,
Attablez-vous de même et faites comme nous.

> *Alonso, Sébastien et Antonio s'approchent de la*
> *table. ' Tonnerre et éclairs. Entre Ariel sous*
> *forme d'une harpie ; il frappe la table et, grâce à*
> *une habile machine, le banquet disparaît. '*

ARIEL

Vous êtes trois hommes pervers, que le Destin,
Pour qui ce monde et ce qu'il porte est un outil,
A fait vomir par l'océan insatiable,
Et cela sur cette île inhabitée des hommes,
Comme indignes d'avoir des hommes pour voisins.

> *Alonso, Sébastien, etc. tirent leur épée.*

J'ai provoqué votre rage : c'est animés
De pareille valeur que les hommes se pendent
Ou se noient.

> *Ils font mine de s'élancer, mais sont immobilisés*
> *par un charme.*

                Pauvres fous, moi et mes acolytes
Sommes ministres du Destin. Les éléments
Dont vos épées furent forgées pourraient plutôt
Blesser les vents ou, de leurs bottes dérisoires,
Percer à mort les eaux qui toujours se referment
Que diminuer d'un pennule mon plumage.
Mes compagnons sont mêmement invulnérables.
D'ailleurs, eussiez-vous le pouvoir de nous atteindre,
Le poids de vos épées passe à présent vos forces :
Vous ne sauriez les brandir. Souvenez-vous
— Car c'est à quoi j'en veux venir — que tous les trois
Vous chassâtes le bon Prospéro de Milan,
L'exposant sur la mer, qui l'en a su venger,
Avec son innocente enfant ; geste exécrable
Pour lequel les dieux qui sursoient, mais n'oublient
                                                    [point,

Incensed the seas and shores—yea, all the creatures,
Against your peace... Thee of thy son, Alonso,
They have bereft; and do pronounce by me,
Lingring perdition (worse than any death
Can be at once!) shall step by step attend
You, and your ways; whose wraths to guard you
                                                    [from—
Which here, in this most desolate isle, else falls
80 Upon your heads—is nothing but heart's sorrow,
And a clear life ensuing.

> *'He vanishes in thunder: then, to soft music,*
> *enter the shapes again, and dance, with mocks*
> *and mows, and carrying out the table.'*

(PROSPERO

Bravely the figure of this harpy hast thou
Performed, my Ariel,—a grace it had, devouring:
Of my instruction hast thou nothing bated
In what thou hadst to say: so, with good life
And observation strange, my meaner ministers
Their several kinds have done: my high charms work,
And these, mine enemies, are all knit up
In their distractions: they now are in my power;
90 And in these fits I leave them, whilst I visit
Young Ferdinand—whom they suppose is drowned—
And his and mine loved darling.

                                                    [*he departs.*

GONZALO

I'th' name of something holy, sir, why stand you
In this strange stare?

ALONSO

                O, it is monstrous... monstrous...
Methought the billows spoke, and told me of it,

Ont ému de colère et les eaux et les rives
Et toute créature contre votre paix.
Quant à toi, c'est ton fils, Alonso, qu'ils ont pris,
Et, maintenant, par mon entremise ils prononcent
Que dans toutes tes voies une perdition
Bien pire en sa lenteur qu'aucune mort soudaine
Va pas à pas te suivre. Du divin courroux
Qui, sinon, en cette île de douleur fondrait
Sur votre tête à tous, il n'est pour vous garder
Que la contrition de cœur et qu'une vie
Dorénavant immaculée.

> *'Il disparaît avec un bruit de tonnerre, puis au
> son d'une douce musique rentrent les formes qui se
> mettent à danser avec des gestes et des grimaces de
> moquerie et emportent la table.'*

PROSPÉRO, *à part.*

Tu as superbement joué cette harpie,
Mon Ariel : ta grâce était dévastatrice
Et ton discours n'a rien omis de mes leçons.
Pareillement, mes plus modestes serviteurs
Ont avec une exactitude singulière
Et non sans naturel aussi, rempli leurs rôles.
Ma haute magie opère. Mes ennemis,
Tout empêtrés dans l'écheveau de leur démence,
Sont maintenant en mon pouvoir. Bien. Laissons-les
A leur accès de frénésie. Allons rejoindre
Le jeune Ferdinand qu'ils tiennent pour perdu
Et celle qu'il chérit comme je fais moi-même.

Il sort.

GONZALO

Sire, par tout ce qui est saint, quelle est la cause
De l'étrange immobilité où je vous vois ?

ALONSO

C'est monstrueux, ô monstrueux ! Il m'a semblé
Que les flots élevaient la voix pour me le dire...

The winds did sing it to me... and the thunder,
That deep and dreadful organ-pipe, pronounced
The name of Prosper: it did bass my trespass.
Therefore my son i'th'ooze is bedded; and
100 I'll seek him deeper than e'er plummet sounded,
And with him there lie mudded.

                              [he rushes towards the sea.

SEBASTIAN

                              But one fiend at a time,
I'll fight their legions o'er.

ANTONIO

                              I'll be thy second,
                    [they move away, distraught, sword in hand.

GONZALO

All three of them are desperate: their great guilt,
Like poison given to work a great time after,
Now 'gins to bite the spirit: I do beseech you,
That are of suppler joints, follow them swiftly,
And hinder them from what this ecstasy
May now provoke them to.

ADRIAN

                              Follow, I pray you.
                              [they pursue the madmen.

Et les vents aussi le chantaient, et le tonnerre,
Cet orgue grave et redoutable, répétait
« Prospéro ! », de sa basse accablant ma bassesse.
Voilà pourquoi mon fils est couché dans la vase.
Ah ! plus profond que jamais sonde n'atteignit,
Je veux l'aller chercher, m'enliser près de lui !

Il se précipite au-dehors.

SÉBASTIEN

Démons, présentez-vous seulement un à un
Et je déferai vos légions !

ANTONIO

Je t'accompagne !
Sortent en courant Sébastien et Antonio.

GONZALO

Ils sont tous trois désespérés ; leur lourde faute,
Tel un poison fait pour agir longtemps plus tard,
Commence à leur ronger le cœur. Je vous en prie,
Vous qui avez les membres lestes, hâtez-vous,
Courez les protéger contre l'entraînement
De leur délire.

ADRIEN

Suivez-moi, je vous en prie.
Ils sortent.

ACTE IV

[IV, 1.]

Before Prospero's cell.

PROSPERO *comes from the cave with* FERDINAND *and*
MIRANDA.

PROSPERO

If I have too austerely punished you,
Your compensation makes amends, for I
Have given you here a third of mine own life,
Or that for which I live: who once again
I tender to thy hand... All thy vexations
Were but my trials of thy love, and thou
Hast strangely stood the test: here, afore Heaven,
I ratify this my rich gift: O Ferdinand,
Do not smile at me that I boast hereof,
10 For thou shalt find she will outstrip all praise
And make it halt behind her.

FERDINAND

I do believe it
Against an oracle.

SCÈNE PREMIÈRE

Devant la grotte de Prospéro.

Entrent PROSPÉRO, FERDINAND *et* MIRANDA.

PROSPÉRO

Si je t'ai châtié avec trop de rigueur,
T'en voici bien dédommagé ; car c'est le tiers [19]
De ma vie, du pourquoi de ma vie qu'à cette heure
Je t'ai donné, qu'à nouveau je place en ta main.
Toutes les vexations que tu souffris ne furent
Que façon d'éprouver ton amour, et ce test
Tu le soutins à merveille. Devant le Ciel
Je ratifie mon riche don. O Ferdinand,
Ne souris pas si je la vante de la sorte,
Car il n'est point de louange, tu le verras,
Qu'elle ne passe et qui ne boite derrière elle.

FERDINAND

Je le croirais contre les dires d'un oracle.

PROSPERO

Then, as my gift, and thine own acquisition
Worthily purchased, take my daughter: but
It thou dost break her virgin-knot before
All sanctimonious ceremonies may
With full and holy rite be ministred,
No sweet aspersion shall the heavens let fall
To make this contract grow; but barren hate,
20 Sour-eyed disdain and discord shall bestrew
The union of your bed with weeds so loathly
That you shall hate it both: therefore take heed,
As Hymen's lamp shall light you.

FERDINAND

            As I hope
For quiet days, fair issue, and long life,
With such love as 'tis now, the murkiest den,
The most oppórtune place, the strong'st suggestion
Our worser genius can, shall never melt
Mine honour into lust, to take away
The edge of that day's celebration,
30 When I shall think, or Phœbus' steeds are foundered,
Or Night kept chained below.

PROSPERO

            Fairly spoke;
Sit then, and talk with her, she is thine own. . .

> *The lovers draw apart and sit together on the*
> *bench of rock.*
> *Prospero lifts his staff.*

What, Ariel; my industrious servant Ariel!

> *Ariel appears.*

ARIEL

What would my potent master? here I am.

PROSPÉRO

Comme un présent de moi, donc, aussi comme étant
Ta conquête, dûment remportée, prends ma fille.
Ne va pas dénouer sa ceinture de vierge,
Pourtant, que n'aient été célébrés les saints rites,
Car sur votre contrat le Ciel ne ferait choir
Nulle ondée fertilisante, mais la discorde,
Le dédain à l'œil aigre et la haine stérile
Joncheraient votre lit d'herbes si repoussantes
Qu'il vous ferait horreur à tous deux. Prenez soin
Que la torche d'Hymen vous éclaire !

FERDINAND

                              Aussi vrai
Que j'espère filer des jours de paix, avoir
Une fière progéniture et longtemps vivre
Au sein du même amour, l'antre le plus obscur,
Le lieu le plus complice et la plus captieuse
Tentation de notre plus mauvais génie
Ne sauraient fondre mon honneur dans la luxure
Pour émousser le fil de ce jour solennel
Où je croirai fourbus les coursiers de Phébus
Et la Nuit enchaînée sous l'horizon !

PROSPÉRO

                              Bien dit.
Assieds-toi donc et lui parle, car elle est tienne.

Miranda et Ferdinand s'en vont à l'écart.
Prospéro lève sa baguette.

Ariel, mon diligent serviteur ! Viens, Ariel.

Entre Ariel.

ARIEL

Que désire mon puissant maître ? Me voici.

PROSPERO

Thou and thy meaner fellows your last service
Did worthily perform: and I must use you
In such another trick: go, bring the rabble,
(O'er whom I give thee power) here, to this place:
Incite them to quick motion, for I must
40 Bestow upon the eyes of this young couple
Some vanity of mine art: it is my promise,
And they expect it from me.

ARIEL

Presently?

PROSPERO

Ay: with a twink.

ARIEL

Before you can say 'come' and 'go',
And breathe twice; and cry 'so, so'...
Each one, tripping on his toe,
Will be here with mop and mow...
Do you love me, master? no?

PROSPERO

Dearly, my delicate Ariel... Do not approach,
50 Till thou dost hear me call.

ARIEL

Well: I conceive.

[vanishes.

PROSPERO [turning to Ferdinand]

Look thou be true: do not give dalliance
Too much the rein: the strongest oaths are straw

PROSPÉRO

Tes ministres et toi, vous avez dignement
Rempli votre dernière tâche ; mais il faut
M'exécuter un autre tour ; va me chercher
(Je te donne pouvoir sur eux) toute la bande.
Presse-les, car mon art doit offrir quelque jeu
Aux regards de ce jeune couple : c'est promis,
Ils l'attendent de moi.

ARIEL

Sur l'heure ?

PROSPÉRO

A l'instant même.

ARIEL

Tu n'auras pas dit « Viens, va »,
Crié « Bien ! », soufflé deux fois
Qu'aussitôt chacun, chacune
Bondira de-ci de-là
Avec des moues et des mines...
M'aimes-tu, mon maître ? Ou pas ?

PROSPÉRO

Tendrement, mon gracieux Ariel. Reste à l'écart
Et ne parais qu'à mon appel.

ARIEL

Bien. C'est compris.

Il disparaît.

PROSPÉRO, *à Ferdinand.*

Tiens parole ; veille à ne pas lâcher la bride
Au badinage : les serments les plus solides

To th' fire i'th' blood: be more abstemious,
Or else good night your vow.

FERDINAND

                I warrant you, sir,
The white cold virgin snow upon my heart
Abates the ardour of my liver.

PROSPERO

              Well...
Now come my Ariel.   Bring a corollary,
Rather than want a spirit, appear, and pertly...
No tongue... all eyes... be silent.

                          ['*soft music.*'

THE MASQUE

                          Iris appears.

IRIS

60 Ceres, most bounteous lady, thy rich leas
Of wheat, rye, barley, vetches, oats, and pease;
Thy turfy mountains, where live nibbling sheep,
And flat meads thatched with stover, them to keep:
Thy banks with pionéd and twilléd brims,
Which spongy April at thy hest betrims—
To make cold nymphs chaste crowns; and thy broom-
                            [groves,
Whose shadow the dismisséd bachelor loves,
Being lass-lorn; thy pole-clipped vinëyard;
And thy sea-marge, sterile and rocky-hard,
70 Where thou thyself dost air—the queen o'th' sky,
Whose watry arch and messenger am I,
Bids thee leave these, and with her sovereign grace,
Here on this grass-plot, in this very place,
To come and sport: her peacocks fly amain:

                  [*Juno's car appears in the sky.*

Approach, rich Ceres, her to entertain.

                          Enter Ceres.

Ne sont que paille au feu du sang. Modère-toi.
Sinon, bonsoir ton vœu.

FERDINAND

     Monsieur, la froide neige
Que je presse, virginale, contre mon cœur
Tempère mes transports, je vous assure.

PROSPÉRO

       Bien.
Qu'approche mon Ariel à présent. Aie plutôt
Un esprit en surnombre. Apparais lestement.
Et vous, soyez tout yeux, non plus langue. Silence.

'*Suave musique.*' *Paraît Iris.*

LE MASQUE

IRIS

Cérès, les champs féconds où ta munificence
Sème blé, seigle, avoine, orge, vesces et pois,
Tes monts herbus que broute la brebis, tes plaines
Dont les grasses prairies procurent le fourrage,
Tes berges emmêlées de joncs et de soucis
Qu'Avril humide adorne à ton commandement
Pour faire aux froides nymphes de chastes couronnes,
Tes fourrés épineux dont l'amant éconduit
Chérit l'ombre, ta vigne à l'échalas nouée,
Et ta grève stérile enfin, de rocs armée,
Où tu vas prendre l'air — c'est la reine du Ciel,
Dont je suis la courrière et l'arche de rosée
Qui t'en prie — quitte-les, pour te venir ébattre
Ici, sur ce gazon, avec Sa Majesté.

Le char de Junon paraît dans le ciel.

Voici poindre ses paons, volant à tire-d'aile :
Riche Cérès, approche et la viens recevoir.

Entre Cérès.

CERES

Hail, many-coloured messenger, that ne'er
Dost disobey the wife of Jupiter:
Who, with thy saffron wings, upon my flowers
Diffusest honey-drops, refreshing showers,
80 And with each end of thy blue bow dost crown
My bosky acres, and my unshrubbed down,
Rich scarf to my proud earth... why hath thy queen
Summoned me hither, to this short-grassed green?

IRIS

A contract of true love to celebrate,
And some donation freely to estate
On the blessed lovers.

CERES

Tell me, heavenly bow,
If Venus or her son, as thou dost know,
Do now attend the queen? since they did plot
The means that dusky Dis my daughter got,
90 Her and her blind boy's scandalled company
I have forsworn.

IRIS

Of her society
Be not afraid: I met her deity
Cutting the clouds towards Paphos; and her son
Dove-drawn with her: here thought they to have done
Some wanton charm upon this man and maid,
Whose vows are, that no bed-rite shall be paid
Till Hymen's torch be lighted: but in vain
Mars's hot minion is returned again—
Her son has broke his waspish-headed arrows,
100 Swears he will shoot no more, but play with sparrows
And be a boy right out.

Juno alights from her car.

CÉRÈS

Je te salue, multicolore messagère
Qui ne boudes jamais les ordres de Junon,
Toi dont l'aile safran distille sur mes fleurs
Ta gouttelée de miel et tes fraîches ondées,
Toi dont l'arc bleu couronne, à ses deux retombées,
Mes arpents chevelus et ma colline rase,
Splendide écharpe dont s'enorgueillit ma terre.
Mais pourquoi suis-je ici convoquée par ta Reine
Parmi ce gazon bref ?

IRIS

Pour bien ratifier
Un contrat de loyal amour et dispenser
A des amants bénis un généreux douaire.

CÉRÈS

Arc céleste, Vénus et son aveugle fils
Viendraient-ils point avec la Reine, que tu saches ?
Depuis qu'ils ont livré ma fille au sombre Dis,
J'ai juré de fuir leur compagnie infâme.

IRIS

Ne crains rien : j'ai rencontré Sa Déité
Qui cinglait vers Paphos et fendait les nuées
A tire-d'aile de colombe, avec son fils.
Ils avaient cru nouer certain charme lascif
Autour de ces fiancés qui par vœu s'interdisent
Tout amoureux ébat qu'Hyménée ne luise.
En vain. De Mars alors la brûlante maîtresse
S'en est allée avec son fils au dard de guêpe
Qui, brisant là son arc, a fait serment de n'être
Qu'un enfant de tout point et, dès lors, de jouer
Avec les passereaux, sans plus tirer jamais.

CERES

Highest queen of state,
Great Juno comes; I know her by her gait.

JUNO

How does my bounteous sister?   Go with me
To bless this twain, that they may prosperous be,
And honoured in their issue.

['*they sing.*'

JUNO

Honour, riches, marriage-blessing,
Long continuance, and increasing,
Hourly joys be still upon you!
Juno sings her blessings on you.

CERES

110   Earth's increase, foison plenty,
Barns and garners never empty,
Vines with clustring bunches growing,
Plants with goodly burden bowing;
Spring come to you, at the farthest,
In the very end of harvest!
Scarcity and want shall shun you;
Ceres' blessing so is on you.

FERDINAND

This is a most majestic vision, and
Harmonious charmingly: may I be bold
120 To think these spirits?

PROSPERO

Spirits, which by mine art
I have from their confines called to enact
My present fancies.

CÉRÈS

La glorieuse reine,
La grande Junon vient : je reconnais son pas.

Junon descend de son char.

JUNON

Comment te portes-tu, ma généreuse sœur ?
Viens bénir avec moi ce couple, afin qu'il vive
Prospère et honoré dans sa postérité.

'Elles chantent.'

JUNON

Richesse, honneur, union bénie,
Prospérité, long temps de vie,
Joies constantes, perpétuées
Par mon chant, vous soient dispensés !

CÉRÈS

Terre féconde et généreuse,
En vos greniers provende heureuse,
Grappes serrées, ceps alourdis,
Arbres ployant sous leur doux fruit !
Le printemps vienne et reverdisse
Au temps où les moissons finissent
Et la disette au loin s'enfuie
Selon que Cérès vous bénit !

FERDINAND

Majestueuse vision, d'une harmonie
Ensorcelante ! Oserais-je vous demander
Si ce sont des esprits ?

PROSPÉRO

Des esprits, que mon art
A fait venir de leurs confins pour animer
Mes fantaisies.

FERDINAND

Let me live here ever—
So rare a wondred father and a wise
Makes this place Paradise.

'Juno and Ceres whisper, and send Iris on
employment.'

MIRANDA

Sweet now, silence:
Juno and Ceres whisper seriously.

PROSPERO

There's something else to do: hush, and be mute,
Or else our spell is marred.

IRIS

You nymphs, called Naiads, of the windring brooks,
With your sedged crowns and ever harmless looks,
130 Leave your crisp channels, and on this green land
Answer your summons; Juno does command...
Come, temperate nymphs, and help to celebrate
A contract of true love: be not too late.

'Enter certain Nymphs.'

You sunburnt sicklemen, of August weary,
Come hither from the furrow, and be merry.
Make holiday: your rye-straw hats put on,
And these fresh nymphs encounter every one
In country footing.

'Enter certain Reapers, properly habited: they
join with the Nymphs in a graceful dance;
towards the end whereof Prospero starts sudden-
ly, and speaks; after which, to a strange, hollow,
and confused noise, they heavily vanish.'

PROSPERO [*to himself*]

I had forgot that foul conspiracy

FERDINAND

Vivons à jamais dans cette île,
Puisqu'un père si docte, aux prodiges si rares,
En fait un paradis.

> *'Junon et Cérès chuchotent ensemble et envoient*
> *Iris en mission.'*

MIRANDA

Chut, doux ami, tais-toi,
Car Cérès et Junon chuchotent gravement.

PROSPÉRO

C'est qu'autre chose va venir. Faites silence :
Vous rompriez sinon le charme.

IRIS

Nymphes des rus errants qu'on dénomme naïades,
Vous qui vous couronnez, naïves, de roseaux,
Quittez pour ce gazon vos sinueux chenaux
Et répondez à mon appel : Junon l'ordonne.
Venez ratifier avec nous un contrat
De pur amour. Chastes nymphes, ne tardez pas.

> *'Entrent certaines nymphes.'*

Moissonneurs basanés, recrus du mois auguste,
Laissez-là vos sillons, venez vous réjouir.
Menez fête et, coiffés de vos seigles tressés,
Faites face à ces fraîches nymphes pour danser
Avec elles un pas rustique.

> *'Entrent divers moissonneurs, habillés selon leur*
> *état ; ils se joignent aux nymphes pour nouer avec*
> *elles une danse gracieuse, vers la fin de laquelle*
> *Prospéro sursaute soudain et se met à parler ;*
> *après quoi s'élève un bruit étrange, sourd et*
> *confus ; ce qu'entendant, nymphes et moisson-*
> *neurs disparaissent tristement.'*

PROSPÉRO, *à lui-même.*

J'oubliais l'odieux complot que cette brute

140 Of the beast Caliban and his confederates
Against my life: the minute of their plot
Is almost come: [*to the spirits*] Well done! avoid: no
                                                              [more.

FERDINAND

This is strange: your father's in some passion,
That works him strongly.

MIRANDA

                                        Never till this day,
Saw I him touched with anger so distempered.

PROSPERO

You do look, my son, in a moved sort,
As if you were dismayed: be cheerful, sir.
Our revels now are ended...   These our actors,
    As I foretold you, were all spirits, and
150 Are melted into air, into thin air,
And, like the baseless fabric of this vision,
The cloud-capped towers, the gorgeous palaces,
The solemn temples, the great globe itself,
Yea, all which it inherit, shall dissolve,
And, like this insubstantial pageant faded,
Leave not a rack behind: we are such stuff
As dreams are made on; and our little life
Is rounded with a sleep...   Sir, I am vexed.
Bear with my weakness, my old brain is troubled:
160 Be not disturbed with my infirmity.
If you be pleased, retire into my cell,
And there repose.   A turn or two I'll walk,
To still my beating mind.

FERDINAND, MIRANDA [*retiring*]

                                        We wish your peace.

De Caliban ourdit avec ses deux suppôts
Contre ma vie. La minute en est toute proche.
(*Aux esprits*) Très bien. Allez-vous-en. Il suffit.

FERDINAND

C'est étrange :
Votre père est en proie à quelque déplaisir
Qui le travaille violemment.

MIRANDA

Jamais encore
Je n'ai vu le courroux l'altérer de la sorte.

PROSPÉRO

Vous paraissez troublé, mon fils, et comme ému
De crainte ; soyez donc rasséréné, monsieur [20].
Nos divertissements sont finis. Ces acteurs,
J'eus soin de vous le dire, étaient tous des esprits :
Ils se sont dissipés dans l'air, dans l'air subtil.
Tout de même que ce fantasme sans assises,
Les tours ennuagées, les palais somptueux,
Les temples solennels et ce grand globe même
Avec tous ceux qui l'habitent, se dissoudront,
S'évanouiront tel ce spectacle incorporel
Sans laisser derrière eux ne fût-ce qu'un brouillard.
Nous sommes de la même étoffe que les songes
Et notre vie infime est cernée de sommeil...
J'ai l'esprit inquiet, pardonnez-moi, c'est l'âge
Qui trouble mon cerveau... mais n'y prenez pas garde :
Allez plutôt vous reposer dans ma cellule
Cependant que je fais un tour pour m'efforcer
De calmer ma tête qui bat.

FERDINAND, MIRANDA, *en se retirant.*

Nous formons des souhaits pour votre paix, monsieur.

PROSPERO

Come with a thought; I think thee, Ariel: come.

Ariel appears.

ARIEL

Thy thoughts I cleave to. What's thy pleasure?

PROSPERO

Spirit...

We must prepare to meet with Caliban.

ARIEL

Ay, my commander, when I presented Ceres,
I thought to have told thee of it, but I feared
Lest I might anger thee.

PROSPERO

170   Say again, where didst thou leave these varlets?

ARIEL

I told you, sir, they were red-hot with drinking—
So full of valour, that they smote the air
For breathing in their faces: beat the ground
For kissing of their feet; yet always bending
Towards their project: Then I beat my tabor,
At which like unbacked colts they pricked their ears,
Advanced their eyelids, lifted up their noses,
As they smelt music. So I charmed their ears
That calf-like they my lowing followed, through
180   Toothed briers, sharp furzes, pricking goss, and
                                                    [thorns,
Which entred their frail shins: at last I left them

PROSPÉRO

Viens sur une pensée, viens, Ariel, je te pense !

Entre Ariel.

ARIEL

J'adhère à tes pensées. Que veux-tu ?

PROSPÉRO

Il est temps
De nous préparer à recevoir Caliban.

ARIEL

Oui, mon maître. J'ai bien songé à t'en parler
Tandis que je jouais Cérès ; mais j'ai eu peur
De t'irriter.

PROSPÉRO

Rappelle-moi où tu laissas
Ces chenapans.

ARIEL

Comme je te l'ai dit, seigneur,
Ils étaient si bien échauffés par la boisson,
Si gonflés de leur vaillance qu'ils battaient l'air
Coupable d'éventer leur visage, et le sol
Qui leur baisait les pieds. Tout cela, non sans tendre
A leur projet. Mais j'ai battu mon tambourin ;
Sur quoi, tels des poulains sauvages, de dresser
L'oreille, de hausser à l'envi la paupière
Et de lever les narines pour mieux flairer
La musique. Bref, j'ai si bien charmé leur ouïe
Qu'ils ont suivi comme des veaux son meuglement
A travers les genêts, les ronces, les épines
Et les ajoncs qui, tous, déchiraient leur chair tendre.

I'th' filthy mantled pool beyond your cell,
There dancing up to th' chins, that the foul lake
O'er-stunk their feet.

PROSPERO

                    This was well done, my bird.
Thy shape invisible retain thou still:
The trumpery in my house, go, bring it hither,
For stale to catch these thieves.

ARIEL

                    I go, I go.

PROSPERO

A devil, a born devil, on whose nature
Nurture can never stick: on whom my pains,
190 Humanely taken, all, all lost, quite lost—
And as with age his body uglier grows,
So his mind cankers... I will plague them all,
Even to roaring...

Ariel returns 'loaden with glistering apparel, etc.'

Come, hang them on this line.

*Ariel hangs the garments on a tree. Prospero
and Ariel remain invisible. 'Enter Caliban,
Stephano, and Trinculo, all wet.'*

CALIBAN

Pray you, tread softly, that the blind mole may
Not hear a foot fall: we now are near his cell.

STEPHANO

Monster, your fairy, which you say is a harmless
fairy, has done little better than played the Jack with
us.

Puis je les ai laissés dans l'étang mantelé
De fange que tu sais au-delà de ta grotte,
Pataugeant jusques au menton dans l'eau fétide
Qui le disputait à leurs pieds en puanteur !

PROSPÉRO

C'est parfait, mon oiseau des airs ! Reste invisible
Et va quérir dans ma cellule le clinquant
Dont je ferai l'amorce à prendre ces voleurs.

ARIEL

J'y vais, j'y vais.

Il sort.

PROSPÉRO

C'est un démon, un démon-né !
Jamais sur sa nature aucune éducation
Ne tiendra : les efforts que j'ai faits pour son bien,
Humainement, sont tous perdus, tous, sans retour ;
De même que son corps enlaidit avec l'âge,
De même son esprit se gangrène. Je veux
Les châtier tous trois jusqu'à ce qu'ils en hurlent.

Rentre Ariel 'chargé d'oripeaux étincelents, etc.'

Bon, suspends-les à ce tilleul.

Ariel obéit. 'Entrent Caliban, Stéphano et Trin-
culo ruisselants.'
Ariel et Prospéro sont pour eux invisibles.

CALIBAN

De grâce, doucement ! Que la taupe ne puisse
Entendre un pas : nous approchons de sa cellule.

STÉPHANO

Monstre, ce lutin que tu disais un lutin inoffensif
nous a comme qui dirait joué un tour de coquin.

TRINCULO

Monster, I do smell all horse-piss, at which my nose
200 is in great indignation.

STEPHANO

So is mine... Do you hear, monster? If I should
take a displeasure against you: look you.

[*drawing a knife.*

TRINCULO

Thou wert but a lost monster.

CALIBAN [*grovelling*]

Good my lord, give me thy favour still.
Be patient, for the prize I'll bring thee to
Shall hoodwink this mischance: therefore, speak
                                                    [softly—
All's hushed as midnight yet.

TRINCULO

Ay, but to lose our bottles in the pool,—

STEPHANO

There is not only disgrace and dishonour in that,
210 monster, but an infinite loss.

TRINCULO

That's more to me than my wetting: yet this is your
harmless fairy, monster.

STEPHANO

I will fetch off my bottle, though I be o'er ears for
                                                    [my labour.

TRINCULO

Monstre, je pue la pisse de cheval des pieds à la tête,
à la grande indignation de mes narines.

STÉPHANO

Et des miennes pareillement. Entends-tu, monstre ?
Si j'allais me prendre de déplaisir à ton endroit, gare !

TRINCULO

Tu serais un monstre perdu.

CALIBAN

Mon bon seigneur, conserve-moi tes bonnes grâces,
Sois patient, car la conquête où je te mène
Éclipsera cette infortune. Parle bas :
Tout est silencieux comme au cœur de la nuit.

TRINCULO

Oui, mais perdre comme ça nos bouteilles dans la
mare...

STÉPHANO

Il n'y a pas seulement à ça disgrâce et déshonneur,
monstre, mais bien perte infinie.

TRINCULO

Ça me chagrine plus que d'être trempé. Voilà donc
ton lutin inoffensif, monstre !

STÉPHANO

Je veux repêcher ma bouteille, quand je devrais
m'en mettre par-dessus les ouïes pour ce faire.

CALIBAN

Prithee, my king, be quiet... [*crawling up to the cave*]
Seest thou here,
This is the mouth o'th' cell... no noise, and enter...
Do that good mischief which may make this island
Thine own for ever, and I, thy Caliban,
For aye thy foot-licker.

STEPHANO

220   Give me thy hand. I do begin to have bloody
                                          [thoughts.

TRINCULO [*spies the apparel
on the lime-tree*]

O King Stephano, O peer! [*seizes a gown*] O worthy
Stephano, look what a wardrobe here is for thee!

CALIBAN

Let it alone, thou fool—it is but trash.

TRINCULO

O, ho, monster: [*donning the gown*] we know what
belongs to a frippery. O King Stephano!

                                          [*capers.*

STEPHANO

Put off that gown, Trinculo. By this hand, I'll
have that gown.

TRINCULO

Thy grace shall have it.

                                          he doffs it ruefully.

CALIBAN

Motus, mon roi, je t'en supplie ! Regarde là,
C'est l'orifice de la grotte. Pas de bruit.
Entre et commets le bon méfait qui rendra l'île
Tienne à jamais et qui fera de Caliban
Ton lèche-pieds perpétuel.

STÉPHANO

Donne-moi la main. Ma foi, il commence à me venir
tout de bon des pensées sanguinaires.

TRINCULO

O roi Stéphano ! O paladin ! O noble Stéphano, vois
quelle belle garde-robe il y a là pour toi !

CALIBAN

Laisse donc ça, benêt : c'est de la camelote.

TRINCULO

O ho, monstre, nous savons ce que c'est que de la
friperie. O roi Stéphano !

STÉPHANO

Décroche-moi cette robe, Trinculo. Par cette main,
j'aurai cette robe !

TRINCULO

Ta Majesté l'aura.

CALIBAN

230 The dropsy drown this fool! what do you mean,
To dote thus on such luggage? Let's all on
And do the murder first: if he awake,
From toe to crown he'll fill our skins with pinches—
Make us strange stuff.

STEPHANO

Be you quiet, monster. Mistress line, is not this
my jerkin? [*putting it on*]   Now is the jerkin under the
line: now jerkin you are like to lose your hair, and
prove a bald jerkin.

TRINCULO [*shivering*]

Do, do!...   We steal by line and level, an't like
240 your grace.

STEPHANO

I thank thee for that jest; here's a garment for't: wit
shall not go unrewarded while I am king of this
country: 'steal by line and level' is an excellent pass of
pate; there's another garment for't.

TRINCULO

Monster, come, put some lime upon your fingers,
and away with the rest.

CALIBAN

I will have none on't: we shall lose our time,
And all be turned to barnacles, or to apes
With foreheads villainous low.

CALIBAN

L'hydropisie te noie, idiot ! Qu'as-tu en tête
Pour t'engouer ainsi d'un pareil fourniment ?
Allons-y : le meurtre d'abord : qu'il se réveille,
Et de la tête aux pieds il nous crible de bleus
En nous arrangeant Dieu sait comme !

STÉPHANO

Paix, monstre. Messire tilleul, est-ce pas là ma
casaque ? *(l'enfilant)* Voilà que la casaque a passé la
Ligne de la taille. Tu risques d'y laisser ton poil,
casaque, et de n'être plus qu'un cuir chauve [21].

TRINCULO

Oui, oui. Avec le bon plaisir de Votre Majesté, il
faut bien dérober avant de s'enrober [22].

STÉPHANO

Nous te remercions de ce bon mot ; voici un habit
pour la peine. L'esprit n'ira pas sans récompense tant
que je serai roi de ce pays. « Dérober avant de
s'enrober » est une excellente saillie. Tiens, voilà
encore un habit.

TRINCULO

Monstre, mets-toi de la glu aux doigts et embarque
le reste.

CALIBAN

Pas du tout : c'est du temps perdu et nous allons
Être changés en oies marines ou en singes
Avec d'horribles fronts tout bas.

STEPHANO

Monster, lay-to your fingers: help to bear this away
where my hogshead of wine is, or I'll turn you out of
my kingdom: go to, carry this.

TRINCULO

And this.

STEPHANO

Ay, and this.

[they load him.
'A noise of hunters heard.   Enter divers spirits,
in shape of dogs and hounds, hunting them
about; Prospero and Ariel setting them on.'

PROSPERO

Hey, Mountain, hey!

ARIEL

Silver... there it goes, Silver!

PROSPERO

Fury, Fury... there, Tyrant, there... hark, hark!

[Caliban, Stephano and Trinculo are driven out.

Go, charge my goblins, that they grind their joints
With dry convulsions, shorten up their sinews
With agéd cramps, and more pinch-spotted make them
Than pard or cat o' mountain.

ARIEL

                    Hark, they roar.

STÉPHANO

Monstre, mets la main à la tâche : aide-nous à porter
ça à l'endroit où j'ai remisé mon baril de vin, sinon je te
chasse de mon royaume. Allons, porte-moi ça.

TRINCULO

Et ça.

STÉPHANO

Oui da, et ça itou.

> '*Bruit de chasse. Entrent divers esprits sous forme*
> *de chiens et de limiers qui les poursuivent, excités*
> *par Prospéro et Ariel.*'

PROSPÉRO

Sus, Montagne, sus !

ARIEL

Argent, là, là, Argent !

PROSPÉRO

Furie, Furie, là ! là ! Hardi, Tyran, hardi !

> *Caliban, Trinculo et Stéphano sont chassés au-*
> *dehors.*

Va dire à mes lutins qu'ils leur broient les jointures
D'arthrite sèche, leur contractent les tendons
De crampes des vieillards et les marbrent de bleus
Tel le guépard ou la panthère des montagnes.

ARIEL

Écoute-les glapir.

PROSPERO

Let them be hunted soundly... At this hour
Lie at my mercy all mine enemies:
Shortly shall all my labours end, and thou
Shalt have the air at freedom: for a little
Follow, and do me service.

PROSPÉRO

> Qu'on les pourchasse ferme.
> Voici donc tous mes ennemis à ma merci ;
> Je touche au terme de mes peines et bientôt
> Tu jouiras librement des airs. Pour l'instant, suis
> Et vaque à mon service.

ACTE V

They enter the cave and return, after a short pause;
  PROSPERO *'in his magic robes'.*

PROSPERO

Now does my project gather to a head:
My charms crack not: my spirits obey, and Time
Goes upright with his carriage... How's the day?

ARIEL

On the sixth hour, at which time, my lord,
You said our work should cease.

PROSPERO

                          I did say so,
When first I raised the tempest... Say, my spirit,
How fares the king and's followers?

ARIEL

                          Confined together
In the same fashion as you gave in charge,

SCÈNE PREMIÈRE

Ils entrent dans la grotte, et en ressortent après une courte pause. PROSPÉRO *'revêtu de sa robe magique'.*

PROSPÉRO

Mon plan achève de mûrir : mes sortilèges
Prospèrent, mes esprits m'obéissent, le Temps
Porte sa charge allégrement. L'heure du jour ?

ARIEL

C'est la sixième, maître, dont tu m'avais dit
Qu'elle verrait la fin de nos travaux.

PROSPÉRO

                            C'est vrai,
Je te l'ai dit quand j'ai soulevé la tempête...
Mais, esprit, qu'en est-il, du roi et de sa suite ?

ARIEL

Ils sont confinés ensemble, selon tes ordres,

Just as you left them—all prisoners, sir,
10   In the line-grove which weather-fends your cell.
They cannot budge till your release: The king,
His brother, and yours, abide all three distracted,
And the remainder mourning over them,
Brimful of sorrow and dismay: but chiefly
Him you termed, sir, 'The good old lord, Gonzalo.'
His tears run down his beard, like winter's drops
From eaves of reeds... Your charm so strongly
                                                   [works 'em,
That if you now beheld them, your affections
Would become tender.

PROSPERO

Dost thou think so, spirit?

ARIEL

20   Mine would, sire, were I human.

PROSPERO

And mine shall...
Hast thou—which art but air—a touch, a feeling
Of their afflictions, and shall not myself,
One of their kind, that relish, all as sharply,
Passion as they, be kindlier moved than thou art?
Though with their high wrongs I am struck to th'
                                                   [quick,
Yet, with my nobler reason, 'gainst my fury
Do I take part: the rarer action is
In virtue than in vengeance: they being penitent,
The sole drift of my purpose doth extend
30   Not a frown further: Go, release them, Ariel.
My charms I'll break, their senses I'll restore,
And they shall be themselves.

Tout comme tu les a laissés : captifs, seigneur,
Du bosquet de tilleuls qui protège ta grotte ;
Ils ne sauraient bouger que tu ne les libères.
Le roi, son frère et le tien propre sont toujours
Dans le délire et tous les autres s'en désolent,
Débordant d'affliction comme de désarroi,
Mais celui-là surtout, maître, que tu nommais
Le bon vieux seigneur Gonzalo : ses larmes coulent
Parmi sa barbe ainsi que les gouttes, l'hiver,
Du chaume des auvents. Ta magie les travaille
Si puissamment qu'il suffirait que tu les visses
Pour que ton cœur en fût attendri.

PROSPÉRO

                              Tu le crois,
Esprit ?

ARIEL

          Ainsi, seigneur, en serait-il du mien
Si j'étais homme.

PROSPÉRO

              Ainsi en sera-t-il du mien.
Te voici, toi qui n'es qu'un souffle, ému, touché
De leurs peines, et moi, qui suis de leur espèce,
Qui ressens tout comme eux le dard de la souffrance,
Je n'aurais pas le cœur remué de pitié
Plus que le tien ? Grands sont leurs torts : j'en suis
                                        [blessé
Au vif, mais contre ma fureur je me rallie
A ma raison plus généreuse : la noblesse
Confère à l'acte un plus haut prix que la vengeance.
Dès lors qu'ils se repentent, je m'arrête là
Sans froncer le sourcil plus outre. Va, Ariel,
Délivre-les. Car je romprai mes sortilèges,
Leur rendrai la raison, et ils seront eux-mêmes.

ARIEL

I'll fetch them, sir.

[*vanishes.*

PROSPERO [*traces a magic circle
with his staff*]

Ye elves of hills, brooks, standing lakes and groves,
And ye, that on the sands with printless foot
Do chase the ebbing Neptune, and do fly him
When he comes back: you demi-puppets, that
By moonshine do the green-sour ringlets make,
Whereof the ewe not bites: and you, whose pastime
Is to make midnight mushrumps, that rejoice
40 To hear the solemn curfew,—by whose aid,
Weak masters though ye be, I have bedimmed
The noontide sun, called forth the mutinous winds,
And 'twixt the green sea and the azured vault
Set roaring war: to the dread rattling thunder
Have I given fire, and rifted Jove's stout oak
With his own bolt: the strong-based promontory
Have I made shake, and by spurs plucked up
The pine and cedar... graves, at my command,
Have waked their sleepers, oped, and let 'em forth
50 By my so potent art...   But this rough magic
I here abjure: and, when I have required
Some heavenly music—which even now I do—

[*lifting his staff.*

To work mine end upon their senses, that
This airy charm is for, I'll break my staff,
Bury it certain fathoms in the earth,
And deeper than did ever plummet sound
I'll drown my book.

[*'solemn music'.*
*'Here enters Ariel before: then Alonso, with a
frantic gesture, attended by Gonzalo; Sebastian*

ARIEL

J'y vais, maître, j'y vais.

Il disparaît.

PROSPÉRO, *traçant un cercle magique.*

Vous, lutins des collines,
Des bosquets, des ruisseaux et des étangs sans rides ;
Vous qui, d'un pied sans trace, agacez sur le sable
Neptune refluant pour, s'il revient, le fuir ;
Vous, petites marionnettes, qui tracez
Au clair de lune les anneaux d'âcre verdure
Où la brebis ne broute point ; vous qui par jeu
Faites croître les mousserons à la minuit
Et dont le grave couvre-feu réjouit l'oreille ;
Grâce à vous, si frêles pourtant, j'ai obscurci
Le soleil méridien, sommé les vents rebelles
Pour, entre la mer glauque et la voûte azurée,
Déchaîner le fracas de la guerre ; au tonnerre
Terrible et redondant j'ai prêté feu ; fendu
Le chêne de Jupin avec sa propre foudre,
Le massif promontoire ébranlé sur sa base
Et par leurs griffes arraché sapins et cèdres.
Les tombeaux, réveillant leurs dormeurs à mon ordre,
Se sont ouverts afin de les laisser sortir
Tant sont puissants mes charmes... Mais cet art
[grossier,
Je l'abjure et dès lors que j'aurai suscité

Il lève sa baguette.

(Voici, je la requiers !) la musique céleste
Qui doit aux fins que je poursuis plier les sens
Auxquels est destiné ce charme aérien,
Je briserai ma baguette, je l'enfouirai
A plusieurs coudées dans le sein de la terre
Et plus profond que jamais sonde ne parvint
Je noierai ce mien livre !

'*Musique solennelle. Rentrent en premier lieu
Ariel, puis Alonso avec des gestes égarés, suivi de
Gonzalo, puis Sébastien et Antonio avec la*

*and Antonio in like manner, attended by Adrian
and Francisco: they all enter the circle which
Prospero had made, and there stand charmed;
which Prospero observing, speaks.'*

[*to Alonso*] A solemn air, and the best comforter
To an unsettled fancy, cure thy brains—
60 Now useless boil within thy skull: there stand,
For you are spell-stopped. . .
Holy Gonzalo, honourable man,
Mine eyes, e'en sociable to the show of thine,
Fall fellowly drops. . .   The charm dissolves apace,
And as the morning steals upon the night,
Melting the darkness, so their rising senses
Begin to chase the ignorant fumes that mantle
Their clearer reason. . .   O good Gonzalo,
My true preserver, and a loyal sir
70 To him thou follow'st; I will pay thy graces
Home, both in word and deed. . .   Most cruelly
Didst thou, Alonso, use me and my daughter:
Thy brother was a furtherer in the act—
Thou art pinched for't now, Sebastian. . . Flesh and
[blood,
You, brother mine, that entertained ambition,
Expelled remorse, and nature—who, with Sebastian,
(Whose inward pinches therefore are most strong)
Would here have killed your king—I do forgive thee,
Unnatural though thou art. . .   Their understanding
80 Begins to swell, and the approaching tide
Will shortly fill the reasonable shores
That now lie foul and muddy: not one of them
That yet looks on me, or would know me: Ariel,
Fetch me that hat and rapier in my cell.

[Ariel flits to the cave.

I will discase me, and myself present
As I was sometime Milan: quickly spirit,
Thou shalt ere long be free.

Returning 'Ariel sings, and helps to attire him.'

même mimique, suivis d'Adrien et de Francisco.
Ils entrent tous dans le cercle tracé par Prospéro
et restent là, ensorcelés ; ce que voyant, Prospéro
parle' :

(A Alonso) Qu'une musique solennelle, le meilleur
Réconfort d'un esprit troublé, vienne guérir
Ton cerveau qui n'est plus qu'impuissante tumeur.
Arrêtez-vous, car un charme ici vous enchaîne.
Pieux Gonzalo, homme d'honneur, mes yeux émus
De sympathie à voir les tiens, pleurent en frères.
Le charme se dissipe promptement : de même
Que le matin subreptice surprend la nuit
Dont il dissipe les ténèbres, leur raison
Émerge, dispersant les brumes qui voilaient
Leur plus lucide jugement. Bon Gonzalo,
Toi qui fus mon salut et qui restas loyal
A ton maître, je veux dûment récompenser,
Tant en paroles qu'en actions, tes bons offices.
De quelle cruauté envers moi et ma fille
N'as-tu point usé, Alonso — ton frère aidant,
Ce qui, Sébastien, te torture à cette heure.
Toi, ma chair et mon sang, mon frère, qui t'ouvris
A l'ambition, chassant nature et conscience,
Et qui, tel Sébastien — dont les tourments intimes
Sont d'autant plus cuisants — voulus tuer ton roi,
Si dénaturé que tu sois, je te pardonne...
L'entendement remonte en eux et sa marée
Va submerger les plages de leur jugement
Toujours bourbeuses et fétides : nul d'entre eux
Ne me regarde encor, ni ne me reconnaît.
Va chercher mon chapeau, Ariel, et mon épée
Dans ma cellule ; car je veux, me dépouillant
De ceci, leur montrer le Milan de jadis.
Fais vite : avant qu'il soit longtemps tu seras libre.

Ariel va dans la grotte et revient comme l'éclair.
Puis 'il aide Prospéro à s'habiller en chantant' :

ARIEL

Where the bee sucks, there suck I.
In a cowslip's bell I lie.
90   There I couch, when owls do cry.
On the bat's back I do fly.
After summer merrily...
Merrily, merrily, shall I live now,
Under the blossom that hangs on the bough.

PROSPERO

Why, that's my dainty Ariel: I shall miss thee,
But yet thou shalt have freedom: so, so, so...

[*as Ariel attires him.*

To the king's ship, invisible as thou art—
There shalt thou find the mariners asleep
Under the hatches: the master and the boatswain
100   Being awake, enforce them to this place;
And presently, I prithee.

ARIEL

I drink the air before me, and return
Or ere your pulse twice beat.

[*vanishes.*

GONZALO

All torment, trouble, wonder, and amazement
Inhabits here: some heavenly power guide us
Out of this fearful country.

PROSPERO

                    Behold, sir king,
The wrongéd Duke of Milan, Prospero:
For more assurance that a living prince
Does now speak to thee, I embrace thy body,
110   And to thee and thy company I bid
A hearty welcome.

ARIEL

L'abeille butine, ainsi fais-je.
J'emprunte au coucou sa clochette
Et dors au cri de la chouette.
Sur la chauve-souris monté
Je pourchasse gaiement l'été.
Gaiement, oui gaiement désormais vivrai-je
Sous la fleur éclose au rameau fruitier.

PROSPÉRO

Voilà bien mon gracieux Ariel ! J'aurai regret
De te perdre, mais tu seras libre. Bien, bien...

tandis qu'Ariel l'habille

Va, toujours invisible, au navire du roi.
Les matelots sont endormis sous l'écoutille :
Éveille-moi le capitaine, puis le maître
Et les amène. A la minute, je te prie.

ARIEL

Je bois l'air devant moi et reviens avant même
Que ton pouls ait battu deux fois.

Il disparaît.

GONZALO

Lieu de tourments, d'effrois, de stupeurs, de pro-
                                        [diges...
Puisse un divin pouvoir nous montrer le chemin
Hors de ce terrifiant séjour !

PROSPÉRO

                    Contemple, sire,
Prospéro, le duc de Milan persécuté.
C'est un prince vivant qui te parle à cette heure
Et, pour t'en mieux persuader, j'étreins ton corps,
Te souhaitant à toi comme à tes compagnons
Cordiale bienvenue.

ALONSO

Whe'er thou beest he or no,
Or some enchanted trifle to abuse me,
As late I have been, I not know: thy pulse
Beats, as of flesh and blood: and, since I saw thee,
Th'affliction of my mind amends, with which
I fear a madness held me: this must crave—
An if this be at all—a most strange story...
Thy dukedom I resign, and do entreat
Thou pardon me my wrongs... But how should
                                              [Prospero
120 Be living, and be here?

PROSPERO [*to Gonzalo*]

First, noble friend,
Let me embrace thine age, whose honour cannot
Be measured or confined.

GONZALO

Whether this be,
Or be not, I'll not swear.

PROSPERO

You do yet taste
Some subtilties o'th'isle, that will not let you
Believe things certain: Welcome, my friends all—
[*aside to Sebastian and Antonio*] But you, my brace of
                                              [lords, were I so minded,
I here could pluck his highness' frown upon you,
And justify you traitors: at this time
I will tell no tales.

SEBASTIAN [*aside to Antonio*]

The devil speaks in him...

ALONSO

Es-tu bien Prospéro
Ou suis-je de nouveau le jouet de la magie,
Je ne sais... Ton pouls bat, comme font chair et sang,
Et, à te voir, se dissipe l'affliction
Où la démence, je le crains, m'emprisonnait.
Ah tout cela — si vraiment cela est — suppose
Une histoire des plus étrange... Ton duché,
Je l'abdique, implorant le pardon de mes torts...
Mais Prospéro vivant, mais Prospéro ici ?

PROSPÉRO *à Gonzalo.*

D'abord, mon noble ami, que j'embrasse tes ans
Dont l'honneur ne connaît ni mesure ni bornes.

GONZALO

Est-ce réel ou non ? Je n'en jurerais pas.

PROSPÉRO

Bah ! C'est l'arrière-goût des prodiges de l'île
Qui vous empêche de rien prendre pour certain.
Mes amis, soyez tous les bienvenus.
(à part, à Sébastien et Antonio) Pour vous,
Ma paire de seigneurs, s'il m'en prenait l'envie,
Je pourrais faire en sorte que Sa Majesté
Appesantît sur vous sa colère, et prouver
Votre traîtrise ; mais, pour l'instant, je me tais.

SÉBASTIEN *à part, à Antonio.*

C'est le diable qui parle par sa bouche.

PROSPERO

130 No...
For you—most wicked sir—whom to call brother
Would even infect my mouth, I do forgive
Thy rankest faults—all of them; and require
My dukedom of thee, which, perforce, I know,
Thou must restore.

ALONSO

If thou beest Prospero,
Give us particulars of the preservation,
How thou hast met us here, who three hours since
Were wracked upon this shore; where I have lost—
How sharp the point of this remembrance is!—
140 My dear son Ferdinand.

PROSPERO

I am woe for't, sir.

ALONSO

Irreparable is the loss, and patience
Says, it is past her cure.

PROSPERO

I rather think
You have not sought her help, of whose soft grace
For the like loss I have her sovereign aid,
And rest myself content.

ALONSO

You the like loss?

PROSPERO

As great to me as late, and súpportable
To make the dear loss, have I means much weaker

PROSPÉRO

Non.

Quant à toi, scélérat — je ne puis dire « frère »
Sans avoir la bouche infectée — je te pardonne
Ton crime le plus repoussant, oui, tous tes crimes,
Et j'exige de toi mon duché, qu'aussi bien
Je le sais, tu seras obligé de me rendre.

ALONSO

Si tu es Prospéro, dis-nous les circonstances
Qui te valurent la vie sauve, puis comment
Il se fait que nous te trouvions sur cette côte,
Nous qui, voici trois heures, avons fait naufrage,
Perdant — ah ! de quel dard ce souvenir me perce —
Mon cher fils Ferdinand.

PROSPÉRO

J'en suis navré, monsieur.

ALONSO

Irréparable perte et que la Patience
Proteste ne pouvoir guérir.

PROSPÉRO

J'incline à croire
Que vous n'avez point recherché l'aide de celle
Dont la douce faveur, après m'avoir donné
Un souverain secours lors d'une égale perte,
M'a fait me résigner.

ALONSO

Vous, une égale perte ?

PROSPÉRO

Aussi lourde à mon cœur que récente et je n'ai,
Pour m'aider à souffrir un coup si douloureux,

Than you may call to comfort you; for I
Have lost my daughter.

ALONSO

A daughter?

150 O heavens, that they were living both in Naples,
The king and queen there! that they were, I wish
Myself were mudded in that oozy bed
Where my son lies... When did you lose your
                                        [daughter?

PROSPERO

In this last tempest... I perceive these lords
At this encounter do so much admire
That they devour their reason, and scarce think
Their eyes do offices of truth... These words
Are natural breath: but, howsoe'er you have
Been justled from your senses, know for certain,
160 That I am Prospero, and that very duke
Which was thrust forth of Milan, who most strangely
Upon this shore, where you were wracked, was landed,
To be the lord on't: No more yet of this,
For 'tis a chronicle of day by day,
Not a relation for a breakfast, nor
Befitting this first meeting:

                            [*with his hand on the curtain of the cave.*

                            Welcome, sir;
This cell's my court: here have I few attendants,
And subjects none abroad: pray you, look in:
My dukedom since you have given me again,
170 I will requite you with as good a thing—
At least, bring forth a wonder, to content ye
As much as me my dukedom.

                        '*Here Prospero discovers Ferdinand and
                        Miranda, playing, at chess.*'

MIRANDA

Sweet lord, you play me false.

Que de bien faibles réconforts au prix des vôtres :
Car j'ai perdu ma fille.

ALONSO

      Votre fille ! O cieux,
Que ne sont-ils vivants, roi et reine de Naples !
Puissent-ils l'être et moi, puissé-je être enlisé
En ce même limon où repose mon fils...
Mais quand perdîtes-vous votre fille, monsieur ?

PROSPÉRO

Lors de la dernière tempête... Je vous vois
Si fort émerveillés de me trouver ici,
Messieurs, que vous reniez votre raison, doutant
Du témoignage de vos yeux et que ce soit
Un souffle naturel qui porte ces paroles.
Pourtant, si malmenés qu'aient été vos esprits
Soyez-en sûrs, je suis vraiment ce Prospéro,
Ce même duc qui fut jeté hors de Milan
Et qui, sur cette rive où vous fîtes naufrage —
La rencontre est étrange assurément — parvint
Pour y régner. Assez sur ce chapitre, car
C'est une chronique à poursuivre au long des jours,
Point un conte à conter au petit déjeuner
Ni qui convienne à ce premier revoir. Soyez
Le bienvenu, monsieur ; cette grotte est ma cour ;
J'y compte peu de serviteurs et, au-dehors,
Point de sujets. Entrez, je vous prie. En échange
De ce duché que vous m'avez restitué,
Je vous veux faire un don également précieux
Ou du moins susciter à vos yeux un prodige
Qui vous ravisse autant que mon duché me comble.

'Prospéro dévoile ici Ferdinand et Miranda en
train de jouer aux échecs.'

MIRANDA

Cher seigneur, c'est me prendre en traître !

FERDINAND

                     No, my dearest love,
I would not for the world.

MIRANDA

Yet, for a score of kingdoms you should wrangle,
And I would call it fair play.

ALONSO

                 If this prove
A vision of the island, one dear son
Shall I twice lose.

SEBASTIAN

               A most high miracle!

FERDINAND

Though the seas threaten, they are merciful—
180 I have cursed them without cause.

                        [he kneels.

ALONSO [*embracing him*]

                 Now all the blessings
Of a glad father compass thee about:
Arise, and say how thou cam'st here.

MIRANDA

                 O, wonder!
How many goodly creatures are there here!
How beauteous mankind is! O brave new world,
That has such people in't!

FERDINAND

                              Non, très chère,
Je ne le ferais point pour conquérir un monde.

MIRANDA

Que si vous finassiez pour gagner des royaumes,
Je dirais : c'est franc-jeu.

ALONSO

                        Si cette vision
N'est qu'un mirage, alors j'aurai perdu deux fois
Un enfant bien-aimé.

SÉBASTIEN

Prodigieux miracle !

FERDINAND

La mer est menaçante, mais elle a pitié :
Je l'ai maudite sans raison.

                                        Il s'agenouille.

ALONSO, *l'embrassant.*

                          Que t'enveloppent
Les bénédictions d'un père bienheureux !
Relève-toi. Comment parvins-tu jusqu'ici ?

MIRANDA

O merveille ! Que de superbes créatures !
Quelle insigne beauté pare le genre humain !
O fier monde nouveau que hantent pareils êtres !

PROSPERO [*smiling sadly*]

'Tis new to thee.

ALONSO

What is this maid, with whom thou wast at play?
Your eld'st acquaintance cannot be three hours:
Is she the goddess that hath severed us,
And brought us thus together?

FERDINAND

Sir, she is mortal;
190 But, by immortal Providence, she's mine;
I chose her when I could not ask my father
For his advice... nor thought I had one: She
Is daughter to this famous Duke of Milan,
Of whom so often I have heard renown,
But never saw before: of whom I have
Received a second life; and second father
This lady makes him to me.

ALONSO

I am hers...
But O, how oddly will it sound, that I
Must ask my child forgiveness!

PROSPERO

There, sir, stop.
200 Let us not burden our remembrance with
A heaviness that's gone.

GONZALO

I have inly wept,
Or should have spoke ere this... Look down, you
gods,
And on this couple drop a blessèd crown;

PROSPÉRO

Nouveau... pour toi.

ALONSO

       Qui donc est cette jeune fille
Avec qui tu jouais ? Tu ne peux la connaître
Depuis plus de trois heures. Est-ce la déesse
Qui nous sépara pour ainsi nous réunir ?

FERDINAND

Non pas, monsieur, elle est mortelle, mais c'est grâce
A l'immortelle Providence qu'elle est mienne.
Je ne pouvais, quand je l'ai choisie, consulter
Mon père et je doutais d'en avoir un encore.
Elle est la fille du fameux duc de Milan
Que si souvent j'avais entendu louanger
Sans que je l'eusse jamais vu ; qui m'a donné
Seconde vie, et me devient un second père
Du fait de cette dame.

ALONSO

       J'en suis un pour elle...
Oh ! mais comme cela va rendre un son étrange
Qu'il me faille implorer pardon de mon enfant !

PROSPÉRO

Halte, monsieur : n'encombrons pas notre mémoire
D'un fardeau qui n'est plus.

GONZALO

       J'aurais parlé plus tôt,
Mais je pleurais. O Dieux, abaissez vos regards
Sur ce couple et le couronnez de vos faveurs

For it is you that have chalked forth the way
Which brought us hither.

ALONSO

I say 'Amen', Gonzalo.

GONZALO

Was Milan thrust from Milan, that his issue
Should become kings of Naples? O, rejoice
Beyond a common joy, and set it down
With gold on lasting pillars: 'In one voyage
210   Did Claribel her husband find at Tunis,
And Ferdinand, her brother, found a wife,
Where he himself was lost. . .   Prospero his dukedom,
In a poor isle. . . and all of us, ourselves,
When no man was his own'.

ALONSO [*to Ferdinand and Miranda*]

Give me your hands:
Let grief and sorrow still embrace his heart,
That doth not wish you joy.

GONZALO

Be it so, Amen.
*'Enter Ariel with the Master and Boatswain
amazedly following.'*

O look sir, look sir, here is more of us. . .
I prophesied, if a gallows were on land,
This fellow could not drown: [*to the Boatswain*] Now,
[blasphemy,
220   That swear'st grace overboard, not an oath on shore?
Hast thou no mouth by land?
What is the news?

Puisque vous-mêmes jalonnâtes le chemin
Qui nous a menés jusqu'ici.

ALONSO

Ainsi soit-il.

GONZALO

Milan a-t-il été bouté hors de Milan
Pour que ses descendants devinssent rois de Naples ?
O réjouissez-vous d'une joie peu commune
Et inscrivez en lettres d'or sur des colonnes
A l'épreuve du temps : Lors d'un même voyage
Claribel a trouvé dans Tunis un époux ;
Son frère, où l'océan le jeta, une épouse ;
Prospéro, son duché dans une méchante île ;
Et chacun d'entre nous, d'égaré qu'il était,
S'est retrouvé lui-même.

ALONSO, *à Ferdinand et Miranda.*

Vos mains à tous deux.
Que la tristesse et l'affliction s'appesantissent
Sur qui ne voudrait pas votre bonheur !

GONZALO

Amen.

'*Entre Ariel, suivi du Capitaine et du Maître,
ahuris.*'

O voyez, voyez, seigneur : encore des nôtres !
Je vous l'ai dit, s'il reste un gibet sur la côte,
Ce coquin ne peut pas connaître la noyade.
Fieffé blasphémateur, toi qui vous balançais
D'un juron la grâce des dieux par-dessus bord,
Pas une imprécation à terre ? N'as-tu donc
Plus de bouche sur la rive ? Quelles nouvelles ?

BOATSWAIN

The best news is, that we have safely found
Our king and company: the next, our ship,
Which, but three glasses since, we gave out split,
Is tight and yare bravely rigged as when
We first put out to sea.

ARIEL [*at Prospero's ear*]

Sir, all this service
Have I done since I went.

PROSPERO

My tricksy spirit!

ALONSO

These are not naturel events—they strengthen
From strange to stranger: say, how came you hither?

BOATSWAIN

230 If I did think, sir, I were well awake,
I'ld strive to tell you... We were dead of sleep,
And—how we know not—all clapped under hatches,
Where, but even now, with strange and several noises
Of roaring, shrieking, howling, jingling chains,
And mo diversity of sounds, all horrible,
We were awaked... straightway, at liberty;
Where we, in all her trim, freshly beheld
Our royal, good, and gallant ship: our master
Capering to eye her... On a trice, so please you,
240 Even in a dream, were we divided from them,
And were brought moping hither.

LE MAÎTRE

La meilleure est que nous avons retrouvé saufs
Notre roi et sa compagnie ; avec cela,
Notre navire, qu'il y a quelque trois heures
Nous croyions en charpie, est étanche, paré
Et fièrement gréé comme à l'appareillage.

ARIEL, *à l'oreille de Prospéro.*

Tout cela, je l'ai fait depuis tantôt, seigneur.

PROSPÉRO

Mon ingénieux esprit !

ALONSO

                    Non, tout cela n'est point
Naturel : nous allons d'étrange en plus étrange...
Et, s'il te plaît, comment vîntes-vous jusqu'ici ?

LE MAÎTRE

Si seulement je me croyais bien éveillé,
Seigneur, je tenterais de vous conter la chose.
Nous dormions tous à poings fermés, claquemurés,
Nous ne savions comment, dessous les écoutilles,
Lorsque — à l'instant encore — maints bruits inso-
                                        [lites,
Hurlements, cliquetis de chaînes, cris aigus
Et autres sons aussi multiples qu'horrifiques
Nous ayant réveillés nous nous trouvâmes... libres !
Sur ce, voilà-t-il pas que s'offre à nos regards,
Tout beau, tout bien paré, notre bon, notre brave
Vaisseau royal : il fallait voir le capitaine
Gambader de plaisir... Et puis en un clin d'œil,
Comme qui dirait en rêve, ne vous déplaise,
Nous fûmes séparés du reste et transportés
Ici, tout ébaubis.

ARIEL [*at Prospero's ear*]

Was't well done?

PROSPERO

Bravely, my diligence,—thou shalt be free.

ALONSO

This is as strange a maze as e'er men trod.
And there is in this business more than nature
Was ever conduct of: some oracle
Must rectify our knowledge.

PROSPERO

Sir, my liege,
Do not infest your mind with beating on
The strangeness of this business.   At picked leisure,
Which shall be shortly single, I'll resolve you—
250 Which to you shall seem probable—of every
These happened accidents: till when, be cheerful
And think of each thing well... [*to Ariel*] Come hither,
[spirit.
Set Caliban and his companions free:
Untie the spell... [*Ariel goes*] How fares my gracious
[sir?
There are yet missing of your company
Some few odd lads, that you remember not.

'*Enter Ariel, driving in Caliban, Stephano, and
Trinculo, in their stolen apparel.*'

STEPHANO

Every man shift for all the rest, and let no man take
care for himself; for all is but fortune: coragio, bully-
monster, coragio!

ARIEL, *à Prospéro.*

Est-ce du bon travail?

PROSPÉRO

Excellent, zélé serviteur : tu seras libre.

ALONSO

A-t-on jamais foulé plus étrange dédale?
Il y a davantage en ceci qu'on n'en peut
Mettre au compte de la nature : quelque oracle
Nous va-t-il éclairer?

PROSPÉRO

        Mon seigneur suzerain,
Ne vous tourmentez pas la cervelle à rebattre
Ce qu'il y a d'insolite dans cette affaire.
Bientôt j'éclaircirai pour vous tout à loisir
Et de manière à contenter votre raison
Chacun des incidents passés ; en attendant
Reprenez cœur, et voyez tout sous un bon jour.
(*à Ariel*) Approche, esprit. Va-t'en délivrer Caliban
Et ses compères. Romps le charme qui les lie.

                       Sort Ariel.

Comment vous sentez-vous, mon gracieux seigneur?
Il fait encor défaut à votre compagnie
Quelques drôles dont vous avez perdu mémoire.

        '*Rentre Ariel, poussant devant lui Caliban,*
          Stéphano et Trinculo dans leurs habits volés.'

STÉPHANO

Que chacun s'ingénie pour tous les autres et que
personne ne songe à soi, car tout n'est que hasard.
Coragio, maître-monstre, coragio!

TRINCULO

260   If these be true spies which I wear in my head, here's
a goodly sight.

CALIBAN

O Setebos, these be brave spirits, indeed:
How fine my master is! I am afraid
He will chastise me.

SEBASTIAN

        Ha, ha!
What things are these, my lord Antonio?
Will money buy 'em?

ANTONIO

        Very like: one of them
Is a plain fish, and no doubt marketable.

PROSPERO

Mark but the badges of these men, my lords,
Then say if they be true: This mis-shapen knave—
270 His mother was a witch, and one so strong
That could control the moon, make flows and ebbs,
And deal in her command without her power:
These three have robbed me, and this demi-devil—
For he's a bastard one—had plotted with them
To take my life: two of these fellows you
Must know and own, this thing of darkness I
Acknowledge mine.

CALIBAN

        I shall be pinched to death.

ALONSO

Is not this Stephano, my drunken butler?

TRINCULO

Si les deux espions que j'ai dans mon visage ne
mentent pas, voilà un superbe spectacle.

CALIBAN

O que voilà de fiers esprits, par Sétébos !
Comme mon maître est magnifique ! Mais j'ai peur
Qu'il me châtie.

SÉBASTIEN, *à Antonio.*

Ha ! Quelles sont ces créatures,
Monseigneur ? Est-ce là marchandise acquérable ?

ANTONIO

Je le crois volontiers, car il est manifeste
Que l'un d'entre eux est un poisson, donc achetable.

PROSPÉRO

Voyez leur attirail : sont-ce là gens honnêtes,
Messieurs ? Qu'en dites-vous ? Cet esclave difforme
Était le fils d'une sorcière assez puissante
Pour gouverner la lune et régir les marées
En usant, sans qu'elle en pût mais, de son pouvoir.
Ils m'ont volé tous les trois et ce demi-diable,
Car il est croisé de démon, a comploté
Avec eux pour m'anéantir. Deux sont à vous :
Vous les reconnaîtrez assurément pour tels ;
Quant à lui, cette créature de ténèbres,
Il est à moi.

CALIBAN

Je vais être pincé à mort.

ALONSO

N'est-ce pas Stéphano, mon sommelier ivrogne ?

SEBASTIAN

He is drunk now; where had he wine?

ALONSO

280 And Trinculo is reeling ripe: where should they
Find this grand liquor that hath gilded 'em?
How cam'st thou in this pickle?

TRINCULO

I have been in such a pickle since I saw you last that,
I fear me, will never out of my bones: I shall not fear
flyblowing.

[*Stephano groans.*

SEBASTIAN

Why, how now, Stephano?

STEPHANO

O, touch me not—I am not Stephano, but a cramp.

PROSPERO

You'ld be king o'th'isle, sirrah?

STEPHANO

I should have been a sore one then.

ALONSO

290 This is as strange a thing as e'er I looked on.

[*pointing at Caliban.*

SÉBASTIEN

Justement, il est ivre. Où a-t-il pris du vin ?

ALONSO

Et Trinculo est rond à rouler ! Comment diantre
Ont-ils pu s'abreuver de la dive liqueur ?
Où as-tu été mariner ?

TRINCULO

J'ai mariné depuis que je vous ai quitté dans une
saumure qui, j'en ai peur, ne me sortira jamais des os.
Je ne risquerai plus que les mouches me pondent
dessus.

Stéphano gémit.

SÉBASTIEN

Hé, Stéphano, qu'as-tu ?

STÉPHANO

Oh ! ne me touchez pas : je ne suis plus Stéphano, je
ne suis qu'une crampe.

PROSPÉRO

Tu voulais être roi de l'île, chenapan ?

STÉPHANO

J'aurais fait un roi de misère, alors !

ALONSO, *désignant Caliban.*

Voilà bien la plus singulière créature
Qu'il m'ait été donné de voir.

PROSPERO

He is as disproportioned in his manners
As in his shape: Go, sirrah, to my cell.
Take with you your companions: as you look
To have my pardon, trim it handsomely.

CALIBAN

Ay, that I will: and I'll be wise hereafter,
And seek for grace: what a thrice-double ass
Was I, to take this drunkard for a god!
And worship this dull fool!

PROSPERO

Go to, away.

ALONSO

Hence—and bestow your luggage where you found it.

SEBASTIAN

300   Or stole it rather.

[*Caliban, Stephano and Trinculo slink off.*

PROSPERO

Sir, I invite your Highness and your train
To my poor cell: where you shall take your rest
For this one night, which—part of it—I'll waste
With such discourse as, I not doubt, shall make it
Go quick away... the story of my life,
And the particular accidents gone by
Since I came to this isle: And in the morn
I'll bring you to your ship, and so to Naples,
Where I have hope to see the nuptial
310   Of these our dear-beloved solémnizéd—
And thence retire me to my Milan, where
Every third thought shall be my grave.

PROSPÉRO

Ses manières
Sont aussi distordues que ses membres. Coquin,
Va-t'en avec tes compagnons dans ma cellule :
Si tu veux mon pardon, qu'elle soit nette et belle.

CALIBAN

Sois-en sûr ; et je serai sage désormais,
Je ferai tout pour m'attirer tes bonnes grâces.
Mais quel âne, mais quel triple âne j'ai été
De prendre ce méchant ivrogne pour un dieu
Et d'adorer cet imbécile !

PROSPÉRO

Allez-vous-en.

ALONSO

Hors d'ici. Et déposez-moi ce fourniment
Où vous l'avez trouvé.

SÉBASTIEN

Ou volé, pour mieux dire.
Sortent Caliban, Stéphano et Trinculo.

PROSPÉRO

Je convie Votre Majesté et sa suite
En ma pauvre cellule, où vous reposerez
Pour cette nuit, que je me flatte d'écourter
En vous contant ma vie et tout ce qui m'advint
Depuis mon arrivée en cette île. Au matin
Je vous ramène à votre nef, puis droit à Naples,
Où j'espère assister aux rites solennels
De ces très chers et bien-aimés nôtres enfants.
De là, je gagnerai Milan pour y donner
A la tombe, dès lors, chaque tierce pensée.

ALONSO

I long
To hear the story of your life; which must
Take the ear strangely.

PROSPERO

I'll deliver all—
And promise you calm seas, auspicious gales,
And sail so expeditious, that shall catch
Your royal fleet far off... My Ariel—chick,
That is thy charge: then to the elements
Be free, and fare thou well... [*bowing them in*] Please
[you draw near.

*They all enter the cave: the curtain falls behind
them.*

ALONSO

Je suis impatient de connaître l'histoire
De votre vie : l'oreille en doit être charmée.

PROSPÉRO

Je vous la dirai toute — aussi vous promettant
Une mer calme émue de brises favorables,
Et d'aller si grand train que nous rattraperons
Votre flotte royale au large. Ariel aimé,
Je t'en charge. Puis fais retour aux éléments
Libre et heureux. Veuillez approcher, je vous prie.

Ils entrent tous dans la grotte.

EPILOGUE

spoken by Prospero.

Now my charms are all o'erthrown,
And what strength I have's mine own,
Which is most faint: now, 'tis true,
I must be here confined by you,
Or sent to Naples.   Let me not,
Since I have my dukedom got,
And pardoned the deceiver, dwell
In this bare island, by your spell.
But release me from my bands,
10   With the help of your good hands:
Gentle breath of yours my sails
Must fill, or else my project fails,
Which was to please: Now I want
Spirits to enforce... art to enchant—
And my ending is despair,
Unless I be reliev'd by prayer,
Which pierces so, that it assaults
Mercy itself, and frees all faults...
As you from crimes would pardoned be,
20   Let your indulgence set me free.

ÉPILOGUE

dit par Prospéro

Tous mes charmes sont abolis
Et voici que j'en suis réduit
A mon seul pouvoir, combien pauvre.
Serai-je ici captif du vôtre
Ou renvoyé dans mon pays ?
Moi qui ai Naples reconquis
Et mon pardon donné au traître,
Sur ce roc nu me faut-il être ?
Non pas : vous m'allez libérer
De vos bonnes mains secourables
En exhalant un souffle aimable
Qui vienne mes voiles gonfler.
Sans quoi, c'est que j'aurai manqué
Mon but, lequel était de plaire.
Sans plus d'esprits pour gouverner
Ni de magie pour enchanter,
Il faudra que je désespère
Si ne m'assiste la prière,
Assez puissante pour forcer
La Merci même et délier
Tout crime. Vos propres offenses,
Les souhaitez-vous pardonnées,
Que me délie votre indulgence !

NOTES DU TRADUCTEUR

1. Nous ne nous conformerons pas toujours aux indications scéniques que porte ici le texte anglais, ne nous sentant lié que par les indications anciennes (placées entre guillemets).

2. Allusion au châtiment des pirates qu'on enchaînait sur la grève afin que le flot leur passât sur le corps à trois reprises.

3. On peut penser que Miranda est déjà sous l'influence d'un charme et déjà rêve à Ferdinand, la parenthèse shakespearienne soulignant qu'elle prononce cette incidente pour elle-même. C'est aussi pourquoi elle va tomber progressivement dans la torpeur, Prospéro étant sans cesse contraint de tenir son attention en éveil.

4. On peut aussi comprendre par *quality* : « et tous ses congénères ».

5. Qui, la magie aidant, les soutenaient sur les eaux.

6. On n'a pas retrouvé trace de cette Sycorax (*corax* signifie corbeau) qui semble avoir beaucoup en commun avec Circé.

7. On attribue parfois ces vers à Prospéro, comme trop rudes pour Miranda.

8. Dieu des Patagons, révélé par Magellan.

9. Nous tentons de transposer par des assonances le jeu de mots sur *light*.

10. Visiteur paroissial des pauvres et des affligés.

11. La harpe d'Amphion qui fit surgir les murs de Thèbes. C'est, comme si souvent chez Shakespeare, une réminiscence d'Ovide.

12. Tout ce passage est fondé sur Montaigne (« Des Cannibales ») que Shakespeare a lu dans la traduction de Florio. Nous avons repris les mots mêmes de Montaigne : « Nulles occupations qu'oysives. »

13. Sous-entendu : « avec la lune pour lanterne ». On chassait les étourneaux la nuit en les attirant avec une lumière.

14. Si on lisait *troubles* au lieu de *trebles*, il faudrait entendre : « mais c'est trop de peine pour toi que de m'écouter ».

15. Des Indiens furent amenés en Angleterre dès 1576 et à plusieurs reprises sous Jacques Iᵉʳ.

16. Il y a ici un jeu de mots qu'on ne peut rendre, *natural* signifiant à la fois « naturel, normal » et « idiot ».

17. N'oublions pas que Trinculo porte un habit bariolé de bouffon.

18. C'était l'intérêt qu'un spéculateur recevait communément quand il avait participé aux frais d'une expédition marchande en mer, — pourvu toutefois que le navire revînt.

19. Les deux autres « tiers » sont-ils, comme on l'a dit, d'une part, la défunte femme de Prospéro, ou encore Milan, et, d'autre part, Prospéro lui-même ? Sans doute, si l'on entend surtout, par ce « lui-même », le souci de sa fin dernière (cf. V, I, 3,12), et de son salut, de quelque manière qu'il le conçoive (cf. l'épilogue à double entente).

20. Ces deux vers surprennent après la remarque que vient de faire Miranda. Notons aussi que, dans l'original, la métrique du premier vers est irrégulière. On a souvent vu là la trace d'un remaniement assez gauche (peut-être non shakespearien) dû au fait que ce masque de circonstance aurait été inséré après coup dans la pièce.

21. Il y a ici un jeu de mots intraduisible sur *line* qui signifie à la fois « tilleul » et la Ligne au passage de laquelle on risquait d'attraper la fièvre et de devenir chauve.

22. Cet à peu près remplace un nouveau jeu de mots sur *line*.

TABLE